나는 인생이란 길을 걸어오면서

수많은 실패와 허물을 경험하였다.

그러나 다른 사람들은

특히 젊은이들은

나와 같은 실패를 겪지 않았으면 하는 뜻에서

사례를 모아 남긴다.

젊음을 불태워라

성균관출판부

서문(序文)-세상은 젊은이들의 몫

세상이라는 곳에 사람으로 태어났으면 사람답게 살아야 한다는 것은 누구나 알고 있다. 하지만 그저 하루하루 숨 쉬듯 살아가는 것 또한 인간이다. 사람답게 산다는 것은 쉬운 일이 아니다.

그렇듯 그저 숨만 쉬며 살아가는 소인이 감히 우주라는 단어를 입에 올려도 될까 하는 생각도 든다. 그러나 현재 우리가 살고 있는 곳이 바로 우주 안이기에 이야기할 수밖에 없다.

오늘이 가면 내일이 오는 세상의 이치 속에서 인간은 누구나 이 지구에서 일하고 잠자고 먹고 쉰다. 그런 과정을 통해 진정한 삶을 깨닫고 누리고 살아가는 것이 우리 인간에 주어진 의무이자 권리인 것이다.

그러나 옛 시절도 그랬듯이 지금 여기 현실도 하고 싶은 대로 하고, 하기 싫다고 안 해도 되는 그런 세상이 아니다. 인간이 이 지구 위에서 억만 년을 넘게 살아오면서 그런 삶을 지속하고 있다는 것은, 그 안에 분명히 짚고 넘어가야 할 무언가가 있다는 것을 우리에게 알려주는 것이리라 생각한다.

대우주를 연구하는 천부경은 81개 글자로 세상을 이야기한다. 우리 같은 소인들은 그 앞에 감히 앉아 있기도 어렵다.

이렇듯 세상은 인간이 감당할 수 없을 만큼 엄청난 곳이다. 그렇기에 삼라만상이 어디서 출발하고 어떻게 진행되는가 하는 점을 오늘도 가슴깊이 숙고하면서 살아간다. 날이 가고 해가 갈수록 더욱 더 의미심장해진다.

그래도 분명히 말할 수 있는 것은 우리 젊은이들에게는 엄청난 비전과 희망과 용기가 세상에서 기다리고 있다는 점이다. 먼저 태어난 이들이 어떻게 실수를 하면서도 찬란한 금자탑을 쌓아 올렸는지를 배우고 또 익힌다면 스스로 가고자 하는 길을 마음껏 달려갈 수 있을 것이다.

먼저 태어난 우리는 젊은이들에게 길을 열어주고 그들

이 원대한 뜻을 펼칠 수 있는 광장을 만들어 주어야 한다. 이것이 기성시대가 그들에게 줄 수 있는 최고의 멋진 길이다. 젊은이들도 이 열린 광장에서 큰 꿈을 펼치려고 노력해야 한다.

세상은 젊은이들의 것이다.

2018. 11.

대관령의 선자령에서

金泉 이승윤

-목 차-

제 1 장

우리의 현실

대한민국의 변화와 발전

산(山)과 바다(海)와 인간(人間)은 생물학적·물리학적으로 끊임없이 변화한다. 대한민국은 이러한 시간의 변화 속에서 꾸준히 성장하여 어느덧 지구촌의 당당한 주역으로 자리잡아가고 있다.

지금 지구상에서 국가라고 부를 수 있는 나라는 대략 245개국 정도이다. 이 국가들과 비교해 보면 현재 우리나라의 위상은 높은 평가를 받을 수 있을 것이다. 국가의 역사를 사람의 나이로 미루어보면 단기간에 정말 크게 성장했다. 참으로 대단한 국민이라고 하지 않을 수 없다.

면적 99,000㎢, 인구 약 5,000만 명.

남과 북 동족끼리 전쟁을 치렀고 지금도 총구를 서로 맞대고 있는 나라.

그럼에도 인공위성을 쏘아올리고 올림픽과 월드컵을 유치해 성공적으로 치른 나라.

남극에 과학 기지를 조성하였으며 세계적으로 과학 기술력을 인정받은 나라.

바로 나의 조국 대한민국이다.

우리는 이웃 나라들로부터 수없이 많은 침략을 받았다. 근세기에 와서도 1910년부터 1945년까지 36년 동안 피눈물 나는 일제 강점기를 거쳤을 정도로 쓰라린 역사와 경험을 가지고 있다.

지정학적 위치로 인해 우리는 과거부터 오늘날에 이르기까지 국력이 강했던 시기를 제외한다면 평화의 시간을 그리 많이 누리지 못했고, 강대국의 틈새에서 고통의 역사가 점철될 수밖에 없었다.

그러한 역사 속에서 우리는 국민들이 서로 똘똘 뭉치면 상대가 초강대국이라 해도 강력한 국민적 에너지로 이겨낼 수 있음을 배워 왔다.

과거 임진왜란을 승리로 이끌었던 성웅 이순신 장군의 지략, IMF 때 국민적 금 모으기 운동으로 온 국민이 들고 일어나 위기를 극복한 경험이 그 좋은 예다.

이렇게 정신과 마음이 준비되고 생각과 뜻이 하나로 모여 행동으로 나타났을 때 국가적인 큰 어려움도 이겨낸 것이 우리의 역사이다.

이러한 국민적 단합과 행동에 대한 기록이 후인들의 삶의 길에 크게 힘이 되리라.

대한민국의 장구한 역사

우리는 5,000여 년의 긴 역사를 가지고 있다. 특히 일부 역사학자 및 사학계는 9,300년이라는 유구한 역사를 가진 국가라고 주장하면서 이에 대한 근거로 경상북도 울진군 죽변면 죽변리 일대에서 발견된 목선(木船)과 나무 노(櫓)를 증거로 제시하기도 한다. 경남 창녕군 비봉리 유적에서 발견된 것과 비슷한 시기이다.

또 울산 암각화에서 발견된 물고기형상과 고래사냥 그림과 같이 현재 증빙된 자료만 보아도 우리나라에서 인간이 1만 년 전후를 기점으로 생활하기 시작했다는 말이 된다.

그뿐이 아니다. 비공식적인 발표지만 한반도에서 쌀농사를 시작한 것이 B.C 3,500~4,000년경부터라는 고고학계의 발표가 2010년도에 있었다. 단지 고증 문헌이나 언어의 형태 등만 아직 발견하지 못했을 뿐이다.

우리 겨레가 국가의 체계를 갖추면서부터, 환국(桓國 : 3301년) 시대, 배달국(倍達國 : 1556년) 시대, 단군조선국(檀君朝鮮國 : 2096) 시대, 징검다리 역사인 부여국 시대까지 약 9천년 동안 지속되어 왔다. 우리 환인족(桓人族)의 말과 글(言文), 철학적인 참글(眞書), 진리(眞理), 진실(眞實)의 역사를 기록하기 위하여 우리 조상님들이 직접 고유한 언어와 문자를 만들어내신 훌륭한 사적(史蹟)은 자손만대에 길이 전승(傳承)해야 할 영광스럽고도 빛나는 일이다.

세계 고고학회에서 밝혀진 인더스문명과 황하문명도 우리 민족이 일으킨 문명이다. 특히 피라미드의 최고(最古)도 조선피라미드로 밝혀지고 있다.

1945년 중국 북쪽을 비행하던 미군 수송기 조종사가 발견하여 2000년 보도된 티베트, 중국 북쪽지역 400여 개의 하얀 피라미드도 탄소연대 측정 결과 환국과 고구려 건축법으로 황하문명보다 2천년 앞서고 진시황 년대보다 수천 년 앞서 축조된 피라미드로 밝혀졌다.

이처럼 지구상에서 대한민국은 군소 나라치고는 꽤 오래된 민족이라는 점은 틀림없다. 그러나 오래된 민족사 앞에 부끄러운 이야기도 많은 것 역시 사실이다.

국가(영토)가 사실상 반으로 갈라졌고, 이념상의 문제로 남과 북이 서로 총부리를 겨누고 있으며, 38도선을 그어 놓고 극한 대립과 사상 이념 갈등으로 살벌한 상황이 전개되고 있는 것이 현실이다.

지금 중국 일부는 한반도에 포함된 우리 민족의 영토이다. 특히 남쪽으로는 대마도까지가 우리의 영토인데, 왜놈들의 식민통치 및 우리의 관리 소홀로 지금은 일본이 점령하고 있다. 증빙된 역사와 자료(동서양의 고지도 : 1700~1800년대)가 있어도 힘의 격차 때문에 일본을 제압하지도, 우리 땅을 찾아오지도 못한 채 바라만 보고 있을 뿐이다. 오히려 강대국 사이에서 눈치를 보는 사이 우리의 역사는 흘러가고 있다.

언젠가는 다시 우리에게 돌아오겠지만, 힘과 힘으로 대결하기에는 아직 우리가 중국과 일본을 따라잡지 못하는 위치에 있다. 하지만 언제가 되더라도 반드시 지혜와 기술로 찾아야 할 우리 땅이다.

원통하고 분하다고 생각된다면 젊은이들이여 힘을 길

러라. 오직 그 길만이 우리 국토를 수호할 수 있다. 국가가 살아남으려면 강한 국력은 필수인데 이런 참담한 역사를 가진 우리가 하루하루 허송세월할 수는 없지 않은가! 뼈저린 각오로 후세를 위해 희망을 주어야 한다.

대한민국 국민이 이스라엘처럼 대동단결한다면, 대마도 정도는 쉽게 찾아올 수 있다고 확신한다. 이런 스토리에는 필연적으로 당시 선조들에게 번영의 활력소가 많다. 그리고 또한 단결한 결과의 산물로 증빙되는 것이다.

대한민국의 분열

긴 안목에서 정치를 분석하지 못하고 현실에 안주하는 정치를 하다 보면 잘못된 생각이 앞서게 된다. 상대방에 대해 연구 분석하지 않고, 미래 설계를 하지 않는 전근대적인 사고방식이 몸에 젖어 든다. 그리고 국민을 국민으로 보지 못하는 안일한 생각과 자신의 패거리만 보이는 안일한 보수에 물들어 잘못된 결과가 나타나게 된다.

현재도 지역 가르기로 서로 상대방 헐뜯기에 혈안이 되어 있다. 이러한 지역감정 조장으로 재미를 보는 이들이 너무나 많은 것이 현실이다. 통탄하지 않을 수 없고 개탄하지 않을 수 없다.

특히 보수정권을 지지하는 지역성이 강한 영남지역에서는 타협하거나 배려하는 모습이 부족하며 자기만 살고자 하는 이들이 대부분이다.

분열되면 망한다는 것을 알면서도 분열을 조장하는 사업에 동참하는 사회지도층 인사들은 학창시절에 학교생활을 정상적으로 하지 못해서 우리의 역사를 제대로 모르는 불쌍한 사람들이다.

심하게 말하자면, 왜놈 핏줄이 섞여 있는 자들이 국가가 분열되는 것을 좋아하는 것이다. 따라서 진정한 대한민국 국민인 우리는 우리 자신을 냉철하게 비판 분석해야 한다. 말과 행동을 주의 깊게 보면 그런 자들과 참으로 닮아 있기 때문이다.

소위 잔혹한 집단 패거리들, 혹은 종교 집단을 포함한 많은 곳에서 이러한 모습들을 볼 수 있다. 이런 사람들은 일제 잔당들의 후손이 아닐까 하는 의심을 하지 않을 수 없다.

내가 너무 직설적으로 표현한다고 할지 모르지만 오히려 사실을 오도하면 안 되는 것이다. 있는 그대로의 사실과 있는 그대로의 잘못을 지적하고 시인하고 반성하고 슬기롭게 대처해야만 오늘보다 더 나은 내일의 맑고 밝은 하늘 아래서 살 수 있는 것이다.

특히 오늘날의 지역감정은 그 골이 너무 깊고 상처가 오래가기 때문에 국가 발전에 엄청난 장애가 되고 있다는 점은 국민 모두가 인정하는 사실이다.

물론 어느 나라든 지역감정이란 것이 있다. 하지만 우리나라는 외국과 사정이 다르기 때문에 문제가 심각하다. 대한민국은 분단국가인 것이다.

그러나 오늘날 우리의 지역감정에는 그 안에 이기주의와 사상 문제까지 겹쳐 있다. 지역감정을 부추기는 세력들은 군사 쿠데타로 재미를 보았던 군인 정치인들과 그 동조 세력들이다.

최초 정부 수립에서는 이런 사회 갈등은 없었는데 쿠데타 세력들이 장기집권을 목적으로 만든 이 지역감정이 오늘날까지 국가 사회를 병들게 하고 있다. 쿠데타를 일으킨 세력들이 권력에 눈이 멀어 지역감정을 부추겨 크게 재미를 보았고 그들의 목적인 장기 집권과 정권 연장에 크게 이바지한 것이다.

다시 말해 개혁 변화를 싫어하고 두려워하면서 심지어 어떤 경우는 허상의 애드벌룬을 띄워 놓고 그 아래에서 그들의 목적을 위해서 어떤 일이든 해치우고 만다. 바로 이러한 보수주의자들이 정보 정치화와 독재를 일으킨 주범이다. 만약 5·16 군사 쿠데타로 정권을 잡았던 박정희 휘하 군인들이 그들의 처음 약속대로 민정 이양을 했다면 어떤 결과가 나왔을까?

아무튼 지역감정을 일으켜 권력을 자기들 지역으로 몰아가고 장기 독재 집권을 추구한 결과, 우리사회는 지금까지 엄청난 분열과 그로 인한 각종 사회문제에 봉착해 있다.

이런 잘못된 권력욕으로 인해 국가는 물론 사회 일반과 기업까지도 이런 폐쇄된 곳들이 있으니 이를 언제 정리할 것인지 개탄스럽기만 하다. 지금 같은 상황에서는 치유하기에도 많은 시간이 필요할 것이다. 그만큼 지극히 위험한 곳이 아직도 많기 때문이다.

몇 십 년 전에 그들이 집권할 목적으로 만들어놓은 지역주의가 국가 안위를 명분으로 해서 소기의 목적 달성에 성공적으로 이바지했으니 정말 고약한 일이다. 앞으로도 얼마나 더 많은 대가를 치러야 지역감정을 단죄할 수 있을까?

이 문제를 꺼낸 이유는 지역감정이 사회 갈등의 원인이

됨은 물론 인적 자원을 낭비하고 경제발전에 엄청난 비용을 소모하게 하고 치유가 어려운 장애가 되기 때문이다.

이렇게 사회문제가 되어버린 지역주의인데도 선거 때만 되면 그 잘못된 짓을 반복하고 있으니 과연 우리나라 정치인들이 진정한 국가관을 갖고 있나 하고 의심하지 않을 수 없다.

국민 스스로 자각을 해야 한다. 우리가 잘못 만든 것들을 후세에게 물려줄 수 없다. 우리 시대의 전근대적인 후진성들을 이제는 정리하자는 의미에서 이 글을 쓴다.

제 2 장

역사를 배우며

우리는 왜 공부를 했는가?

우리는 왜 역사를 배웠는가?

목적 없이 공부하고 목적 없이 일하는 것은 아무 소용도 없다. 다시 말해서 기성시대가 젊은 청년들에게 잘못한 것이다. 젊은이들에게는 천금 같은 귀중한 시간을 낭비하게 한, 돌이킬 수 없는 맥 풀리는 일을 저지른 것이다.

오늘을 살아가면서 '내일을 위해서 공부'하고 '인간 역사를 배우는 목적'을 우리 젊은이들이 각인해야 한다. 인간 역사를 배우지 않으면 '내일의 번영'을 준비할 수 없다.

우리 사회에서 일어나는 것 중 보여주기식 행정은 국가 발전을 후퇴시키는 일이다. 지금까지 역대 정부의 잘못 중 가장 어리석은 행정이 창의력·계획성 없이 출퇴근하는 업무용 국가 경영 방식이었다. 우주시대를 맞이하면서도 국가 공권력이 이러하니 이런 것을 두고 폐쇄된 공무원 조직문화라고 말하는 것이다. 나는 이를 민주주의로 포장한 독재주의라고 정의한다. 그들은 그 점을 깨우치지 못하고 있으니 답답하기만 하다.

이런 잘못된 점을 배운 곳이 또 있다. 바로 노동조합 지도부들이다. 이들도 처음 시작은 이상적인 가면을 썼다. 그러나 어느 순간부터 그들도 변칙을 저지르기 시작하였고 독재자들의 나쁜 선례를 배워서 행동으로 옮기면서 귀족 노동조합이 되어 버렸다.

진정한 노동자, 법의 보호를 받아야하는 노동자들은 노동조합의 보호 밖으로 밀려나 숨소리도 내지 못 하고 현직에서 잘릴까 두려워하며 그저 하루하루 살아간다.

반면에 방만한 조직, 조직의 수뇌를 위한 노동조합, 이게 지금 우리의 현실이다. 처음의 순수했던 노동조합이 방만하게 운영되기 시작하면서 잘못된 노동문화가 도입되고 부패가 싹트기 시작하였다. 그 예가 소위 말하는 대물림이다. 아버지가 좋은 직장에 들어가면 자식이 그 뒤를 이어서 또 들어간다. 정상적으로 입사를 하면 누가 뭐라 하겠는가?

이처럼 노동조합이나 공무원노조들은 순수성을 잃어버렸다. 부패로 처음 한두 번은 재미와 이익을 얻을 수 있겠지만 긴 안목으로 본다면 다 함께 망하자는 것이다. 기득권이라는 것이 결국 망하는 길로 가는 코스이다.

이런 잘못된 점들만 시정해도 국가 예산 절감과 고용 극대화를 가져올 수 있다. 지금까지 방만한 구조 안에서 일하지 않고 국가의 예산만 갉아 먹은 벌레들이 너무 많아서 결국에는 사회 문제가 된 것이기 때문이다.

원칙이 무너진 국가사업도 곳곳에서 난맥상이다. 필요치 않은데도 강행하여 예산만 낭비하는 국가사업들이 많다. 자기 돈이 아닌데도 먼저 본 자들이 주인으로 둔갑하여 착취한다. 국민으로부터 세금을 거둬들여 국가를 운영하는 정부가 이런 식으로 계속 진행하다 보니 국민들은 허탈감에 빠진 것이다.

진정한 국민들의 바람을 모르면서 집권에만 눈이 먼 사람들이 지도층에서 활동하고 있다. 정상적으로만 운영한다면 지금 국민들이 납부하는 세금만으로도 질과 양적인 면에서 엄청난 국가기간 산업을 할 수 있을 것이다. 또한 국민복지는 물론 청년들을 위한 일자리도 선진국 이상으로 미래를 대비한 최고수준의 양질의 일자리로 구축할 수가 있다고 나는 확신한다.

이 문제에 대한 답은 국가가 추진하는 사업 전반을 전체적으로 정밀하게 계획 분석하고 예산을 집행하는 것이다. 그렇게 하면 번영된 국가 기간산업으로 진전된다. 이를 위해 국가 경영 시스템을 확실한 개혁으로 바꿔야한다.

보수주의 정권은 자기 식구를 늘리기 위한 사업에 매년 주력해왔다. 즉 방만한 운영으로 국가경영 시스템에 빨간불이 켜졌는데도 이를 무시하고 계속 진행하는 것은 보수 정권 연장 차원의 정책임을 보여주는 것이다.

여기에서 분명하게 지적한다. 국가 혈세 낭비의 주인공인 국가공무원 50%와 정치인 국회의원 인원 50%를 줄여서 국가경영 시스템을 현장 위주로 바꾸면 실업난은 원천적으로 개선되며 4차 산업으로 전환된다. 현재의 절반을 줄여도 국가시스템은 원활하게 돌아갈 것이다.

우리나라 젊은이들은 현재 공무원 시험에 매진하고 있

다. 이것은 아주 잘못된 현실이다. 젊은 청년들이 개척정신으로 탐구하고 앞장서야 하는데 공무원 사회, 평생직장, 출근만 하면 급료를 받을 수 있는 공무원에 모든 것을 거는 폐쇄적 구조가 되어버렸다. 이런 나라는 정상적인 국가 시스템이 아니다.

물론 정부의 잘못된 국가관리에 우선적인 책임이 있다. 그 개혁에 지도층과 집권정부 아무도 손을 못 대고 있다. 개혁을 모르는 정부는 자기 사람을 자르지 않기 때문이다.

앞으로 2020년부터 젊은 인구는 감소하고 노인 인구가 30~40% 확대되는 과정에 있는데도 손쓰지 못하는 국가정치 지도자들이 현재 지도층과 집권정부이다. 왜 그렇게 지금까지 해왔는가

바로 선거 때 받을 표 때문이다. 개혁을 하면 표 떨어지는 소리가 우수수 들려온다고 한다. 그렇게 당선되면 또 그렇게 굴러가기 때문에 지도층은 우리 역사를 망치는 귀신이다.

그런 잘못된 정치를 하려면 처음부터 나오지 않아야 된다. 역사적 죄인들이다.

우리는 지금 청년들의 황금시대에 또 어떤 일들이 사회상으로 나타날지에 대해서 미리 예측을 해보는 것이며 어떤 대상자를 상대로 비판을 하는 데 의미를 두는 것은 아니다.

어떻게든 대한민국이 지금보다 더 발전하는 방향으로 나아가도록 하는 데 목적과 의미를 갖고 모두가 생존할 수 있는 전략적 위치에서 분석하자.

폐쇄 문화를 버리자

우리 말고도 지구상에는 수백 개의 나라가 더 있다. 그 나라마다 정권을 쥐고 있는 권력층에게는 폐쇄된 문화가 크게 도움이 된다고 한다. 이들을 뒷받침해주는 세력 분포를 앞세워 정권을 연장하는 도구로 써먹기에 안성맞춤이기 때문이다.

우리나라 역시 그걸 합리화시키면서 정권에 물 타기를 하며 군사 정권을 연장시켜 왔다. 이제라도 군인정치 틀을 깨야 하며, 참다운 민주 정부로 태어나기를 바라고 또 기대하는 바이다.

물론 군사정권의 군인도 다 같은 대한민국의 국민이다. 그들의 말을 들으면 인정할 수 있는 부분도 있겠지만, 결국 그들은 대한민국이라는 민주국가에서는 있을 수 없는 과오와 씻을 수 없는 큰 죄를 지은 장본인에 해당된다. 그들 군인 정치인들은 국가에 엄청난 피의 역사를 만들고 국가의 근본을 흔들어 버렸다.

그들은 기아에서 탈출하는 것이 그 당시 군사정권의 역사 배경이라고 말한다. 또 산업화에서 목표를 달성했다고 한다.

그러나 결과적으로 그 진행 과정에서 수많은 국민들을 탄압하여 억울한 생명을 앗아갔고, 폭력과 감금으로 수십만 명의 인권과 재산적 피해는 물론 국가 이미지를 망쳐 버린 것은 너무나 명백한 우리 역사의 현실이다.

진정한 국가라면 국민들이 단합된 힘을 모아 목표를 성공적으로 이루어내서 번영해야 하는데, 다른 잣대로 선을 긋고 각목이 앞서고 폭도와 억압된 폭력으로 행한 것들은 결국 엄청난 대가를 치르고야 마는 것이다.

어떤 구실을 붙여도 그들은 금자탑을 세운 것이 아니며, 역사 앞에서 반성 없는 용서란 있을 수 없는 것이다.

그러기에 국민들은 올바른 눈으로 바로 보고 선택하여야 한다. 그것이 우리 국가와 민족 앞에서 떳떳하고 후세들이 번영의 길로 나가는 지름길인 것이라 생각한다.

아무튼 군사정권의 시작으로 한동안 혼란 상태에 빠졌

던 국론이 이제는 민간인 대통령에 의해 한 고비 접어든 계기가 되었다. 그러나 남과 북의 대치 상황에서 이웃 나라들은 가면을 쓰고 자기들의 이익에 따라 추잡한 일들을 벌이고, 우리는 이쪽저쪽에 휘둘리다가 중심도 없이 휘청거리는 모습을 보면 슬픈 생각이 앞선다.

이럴 때마다 참으로 대단한 나라에서 살아가고 있다는 느낌과 함께 한편으로는 이제는 지쳐서 '괜찮아지겠지' 하는 막연한 생각만 하는 자들이 난무한다는 생각도 든다.

이렇게 동요하는 인구가 증가하다 보니 국토방위에 대한 의무감과 책임감이 무너지는 위험한 상황에까지 오게 되었다.

대한민국은 국가 방위가 가장 중점적인 국가이다. 현재 우리나라에는 공산주의가 얼마나 무섭고 피비린내 나는 것인 줄 모르는 이들이 갈수록 늘어난다. 이런 현실이 아쉽고 한탄 아니 개탄스럽기까지 하다.

나라 없는 슬픔을 겪어보지 못한 현 세대들의 이러한 상황에 대해 국가나 사회는 공동 책임이 있다. 교육하고 체험하고 머리와 가슴에 각인을 시켜도 부족할 일인데 너무나 안일하게 대처하는 이들에게는 경종을 울려야 하며 사회 지도층 사람들은 이러한 점을 다시 한 번 자각해야 한다.

우리 민족 선열들이 얼마나 많은 희생과 고통을 겪었는가? 나라를 찾기 위해 수백만의 선조들이 참변을 당하고 억울하게 목숨을 버렸다는 사실 앞에서 우리는 엄숙하고 경건한 마음을 가져야 한다.

이역만리 타국에서 오직 국가의 독립과 국민의 안전을 위해 자기 자신과 가족까지 버리고 협박과 공포 속에서 군인을 양성시키고 학교를 세우며 싸우다 가신 수많은 순국선열들께서 겪으신 참혹하고 억울한 참변을 생각한다면 우리는 이분들에게 최고의 국가 예우를 해야 한다. 그리고 그분들의 남은 가족과 혈육에게도 국가가 최선의 보답을 해야만 이 대한민국이 굳건하게 살아갈 수 있다.

언제 어디서나 우리는 그 얼을 상기하여야 한다. 이 나라 이 강산을 지키기 위해 혼신을 다해 하나로 마음을 모아야 한다.

나라를 지키는 데 0.1%라도 틈이 생긴다는 것에 우려를 금하지 않을 수 없다. 세상에서 가장 힘든 것이 나라 없는 슬픔이다. 어떤 이는 배고픔이라 하지만 나라 없는 슬픔과 비교할 수 없다. 이 순간에도 정처 없이 떠돌아다니는 난민들을 뉴스에서 보지 않았는가?

진정 그 고통의 삶을 맛보지 않은 사람은 그 진실을 알지 못하며 이들은 당연히 망국에 대해 아무런 느낌이 없을 것이다. 그러므로 국가적 차원에서 교육과 현장 견학과 실습 등의 교육을 해야 하는 것은 당연하다. 그러나 지금 이 시대의 흐름은 그때로부터 너무 멀리 와 버렸다.

그럼에도 불구하고 지금부터라도 국가적인 차원에서 이를 점검하고 알리고 깨우치게 해야 한다. 그러나 현재는 아예 생각조차 못하고 이를 지적하면 어느 집 강아지 짖는 소리로 듣기가 일쑤다.

역사 공부를 정상적으로 시키지 않으면서 몇 천 년의 오랜 역사가 있다고 자랑하면 무슨 소용인가? 이 모두가 우리 어른들의 큰 잘못이다.

다시 말해서 우리 기성 시대가 올바른 역사관을 갖고 있지 못한 상태에서 제대로 배우지 못하고 또다시 후세에게 제대로 교육시키지 못한 것이 큰 잘못이고 실수를 계속하는 것이다.

우선 나부터 반성한다. 미래의 청소년들에게 진정한 역사를 배우고 익히게 만들어야할 의무와 책임을 다하지 못한 반성이다.

우선은 역사관의 유, 무에 대해서 분석을 잘해야 된다. 우리 근대사에 잘 나타나 있다. 그리고 근대사를 배우다 보면 중세사 고대사를 알아야 국가관을 이해하게 된다. 그때 제대로 고대사를 배워라.

역사는 살아 있는 자의 것이라 말한다. 그러나 역사는 개인적인 사고방식이 아닌 국가적인 측면에서 분명하게 논리적으로 분석해야 된다.

예를 들어 나와 관계되는 집안 어른이거나 혹은 윗대 조부와 관계가 있다는 사람이라고 해서 그 사람을 우상화시키면 당장은 명예를 얻을지 모르나 긴 안목으로 보아 집안이 망신을 당할 수도 있다. 그렇게 역사를 잘못 배운 후세에 결국 매국노 후손이 나오기 때문이다.

역사란 잘못이 있으면 잘못한 그대로 받아들여야 한다. 그리고 사죄하고 다시는 그런 과오를 저지르면 안 된다는 각오를 가슴 깊이 심어주어야 한다. 그게 참다운 인간의 삶인 것이다.

우리의 정치가 후진적인 면에서 탈피하지 못한 이유는 상대방 잘못은 크게 죄를 만들고, 자기 잘못은 그냥 뭉개버리는 오물투성이 정치를 하기 때문이다.

물론 잘못과 허물을 나부터도 감추고 싶어 한다. 그러나 세상을 살다 보면, 아무리 잘하려고 노력하여도 잘못할 수도 있는 것이다. 문제는 자기의 잘못을 스스로 인정하는 것이다. 그래야 다음에는 잘못을 저지르지 않기 때문이다. 그렇게 해야 세상이 밝아지고 미래를 위해서 설계하고 정진할 수 있고, 그렇게 해야 모두에게 인정받고 자기 발전을 가져올 수 있다.

그러나 현실에서는 역으로 자기 잘못은 그대로 방치하고 상대방 잘못만 부각시켜 상대방을 공격하고 낙마시켜 바보로 만들어 버린다. 지나온 현대사 역사가 이를 증명한다.

박근혜 정부의 문제점

(이 글은 2013년 7월경에 작성되었습니다)

1945년 대한민국 정부 수립 이후 18번째 대통령이 나왔다.

초대 대통령인 고(故) 이승만 전 대통령은 12년간, 군사 쿠데타를 일으킨 고(故) 박정희 전 대통령은 18년간, 군사 독재의 대표 격인 전두환은 8년간 어부지리로 대통령의 자리에 있었다.

최규하 대통령만 2년으로 짧은 임기를 마쳤고, 5년 단임제로 노태우, 김영삼, 김대중, 노무현, 이명박 전 대통령들을 거쳐서, 2013년 2월 25일에 취임한 현 박근혜 대통령까지 이어진다.

역대 대통령 선거 기간 중에 후보자들은 자질 없는 자들을 공직자 및 장관에 임명하지 않겠다, 지역주의를 타

파하여 골고루 인재를 등용하겠다고 했다. 노인복지 수당을 몇 십만 원씩 주겠다고, 측근을 공천하지 않겠다고 수만 번씩 외치고 머리 숙여 다짐하기도 했다. 그러나 그런 대선 공약이 대통령 취임 잉크도 마르기 전에 이미 물거품이 되는 경우를 반복해서 보았다.

박근혜 대통령은 어려서부터 구습의 정치 과정을 몸소 보고 듣고 체험하였다. 그런 분이 정치를 제대로 하겠다는 것은 허언이었다고 평가할 수밖에 없다.

시대적으로 과히 혁명적인 개혁 정책을 펴야 되는데, 그렇지 못한 배경에는 앞에서 말한 부분 즉, 살아온 과정과 그 아버지의 명예, 가치를 더욱 높이 고취하려는 의지가 너무 강하기 때문이다.

특히 그의 아버지 박정희 우상화에 초점이 맞춰 있다. 이것은 완전히 미친 짓이다. 그를 따르는 동조자들은 도대체 어느 나라 국민인가?

그는 가계(家系)와 국가의 기본 질서도 모르는 저급의 사람이다. 이런 이가 어떻게 대통령으로 당선되었는지 솔직히 의아할 지경이다. 뽑아준 국민들이 원망스러울 정도다. 그들은 역사를 후퇴시켜 버렸다.

박 대통령은 자기 개인과 집안의 문제들은 고스란히 그대로 방치하듯 놓아두고, 다른 사람들의 것만 들춰내려고 한다. 그 원인은 그의 부친이자 군사 쿠데타 주역인 박정희를 대한민국 역사의 중심으로 만들려는 욕심이 앞서 있기 때문이다.

그런 과욕을 갖다 보니 거기에 맞는 코드 인사로 조직화했다. 이미 한 시대가 지나 버린 구시대 인물들과 검찰 출신들의 조직 인사들로 가득 차 있다. 이는 봉건시대에나 있을 수 있는 국가경영 논리이다.

참으로 박근혜는 아니다. 이런 정치는 100년 전의 정치이다.

잘못된 부분을 정리하려고 한다면 도려내야 한다. 그런데 오히려 치유해야 할 사람들이 많아서 건드리지도 못하고 있다. 거미줄처럼 서로 얽혀 있기 때문이다.

검찰 출신들이 국가를 경영한다면 어느 나라이건 그 국가는 독재정치·부패정치로 회귀한다. 그 집단의 부패가 초고속으로 진행되면서 잘못한 이들을 처벌해야 하는 직업의 사람이 무고한 국민을 잡아 가두는 것에 매달릴 것이다.

정치는 정치가가 하는 것이지 군인이나 검찰은 정치를 해서는 안 된다. 군인과 검찰의 정치는 피비린내를 예고하는 독재 부패로 가는 길이다. 국가 인사 시스템이 공안 정국으로 되었으니 국가의 앞날에 먹구름이 낄 것은 당연하다.

그렇게 조직된 구성원들이기 때문에 개혁을 이루지 못하고 실천에 옮기지 못하는 것이다. 의사가 환자를 진찰하고 치료해야 하는데, 환자가 환자를 치료하겠다고 하니 가슴속에서 천불이 터질 일 아닌가?

이렇게 반복되다 보니 위에서 아래까지 신뢰가 무너져 버렸다. 자기 아버지를 역사의 주인공으로 위장하려고 하기 때문에 탈이 나고 국가 전체에 부작용이 일어나고 있다. 고목이 곪아서 곧 쓰러질 것이다. 앞으로 엄청난 피비린내가 날 것이다. 하늘이 경고할 날이 멀지 않았다. 세계는 지금 우주시대에 진입했는데 박근혜 정부는 19세기 당파싸움 시대로 회귀하려는가?

나는 두려울 게 없는 사람이다. 당당하게 박근혜 정부의 앞날에 경고한다. 당장 대통령직을 내려놓고 사저로 물러나라고 말이다.

세상의 역사는 훗날 평가되는 것인데 무언가 쫓기듯이 공적(功績)을 만들고 부추기면 언젠가는 그것이 허물어져 버린다.

이런 것들을 우리의 역사에서 배우고 읽어 왔다. 부족한 부분이 있으면 있는 그대로 놔두어야지 어떤 치적을 임의대로 왜곡한다면 언젠가는 진실이 드러나면서 더욱 보기 싫게 되는 것이다.

진정 그 애비를 역사의 주인공으로 만들려면 우선 공과(功過)에 대해 사실관계를 먼저 정리한 다음 공(功)을 설득하고 이해시켜야 하는데 반대로 과(過)만을 더더욱 치장하고 있다. 이렇게 되면 반드시 하늘이 노할 것이다.

자기 사람으로 정부를 이끌어 간다고 누가 논리적으로 크게 반대하지는 않겠지만, 어느 정도 기본은 갖춘 인물로 국정을 이끌어야지, 이미 한 물 간 그 아버지 시절의 정책과 사람들로 국가를 운영하려 한다는 것은 30년 전으로 후퇴하는 것이나 마찬가지이다. 즉 1세기를 앞서는 게 아니라 1세기를 퇴보하는 것이다.

자신과 가족의 과오를 인정하지 않고 어떻게 남의 과오만 털려고 하는가? 아주 잘못된 생각이다.

원인을 먼저 분석하고 거기에 대한 답을 내려야 되는데 자기 잘못은 어물쩍 넘어가고 다른 곳은 칼날을 들고 나온다면 지금은 권력이 앞서기 때문에 물러서지만 그 속에는 풀리지 않는 원한이 생길 것이다.

이런 이유로 지금까지 권력과 국민 간에 소통 부재와 국가의 요구에 대한 국민의 비협조, 국가와 국민이 개별적으로 행동하는 이런 역사가 대한민국의 고질병으로 남아 있게 되었다. 즉 불신이라는 병에 걸린 것이다.

나부터 잘못을 내놓고 난 다음 다른 사람 잘못을 지적한다면 거기에 대해 반대나 비협조로 나올 사람이 누가 있겠는가.

그러나 타인의 과오만 지적하는 그런 사회 분위기에서 우리 국민들은 상대방을 칭찬하는 것에 인색할 수밖에 없다. 즉 서로 응원하고 칭찬하고 어깨동무해야 하는데 그런 과정이 익숙하지 못하게 된 것이다.

지역감정의 깊은 골

우리의 현실에는 깊은 골이 있다. 앞에서도 말한 바 있는 지역감정이다. 이는 무조건적이며, 폄하에서 나오는 것들은 그 실체가 너무 크다. 그리고 그 피해는 오래 간다.

그 누가 어느 지역에서의 일을 지적하면 줄줄이 연달아 하나 더하기 하나 더 하기가 계속 이어진다. 개인적으로 자기에게 아무 피해가 없었어도 입소문에 의해서 지레짐작하는 말들이 대부분이다. 그러면서도 그걸 합리화해 버린다. 결과적으로 그 대상 지역은 아무 근거 없이 완전히 진흙탕 속으로 매몰된다.

그 말들의 알맹이는 무엇인가? 한참 과열된 발언을 쏟아내면 그 사람 속이야 시원하겠지만 남는 것은 무엇인가? 내용이라도 확실한 근거가 있는 상태에서 벌떼 같이 일어나면 몰라도 막무가내 식으로 자꾸 지레짐작을 반복하면서 내용을 합리화하는 것이다.

도대체 지역감정을 부추겨서 얻고자 하는 것이 무엇인가? 후대에게 물려줘서 무엇을 얻을 수 있으며, 자기에게 실질적으로 이익이 되는가?

지역감정으로 이익을 얻으려는 자들을 보면 참으로 머릿속이 텅 빈 자들이라고밖에 할 수 없다. 우리의 역사도 모른 채, 비합리적인 목적에 고취된 자들이다.

그런 자들이 일본의 그릇된 역사관에 대해서는 입을 다문다. 즉 지역감정에 얼굴을 붉히면서도 국가의 역사관에 대해서는 아는 것이 없다. 또 용기 있게 말할 수도 없다.

학봉 김성일 종손의 예를 들어 보겠다. 김성일 집안과 나는 일면식도 없다. 우연히 동행한 지인 분들과 함께 학봉사당과 묘소 및 뿌리에 대해서 답사할 수 있는 기회를 갖게 되었을 뿐이다. 이를 바탕으로 우리 역사적 관점을 보려고 한다.

일제 강점기에 중앙선 철도 선로 설계가 김성일의 묘

앞으로 계획되어 있어 관계 기관에 수정 건의하여 결국 선로 계획을 500m 앞쪽으로 변경하여 묘지를 보존하였다 한다. 그리고 공사비가 추가되었다는 말까지 한다. 사람들은 그 자리에 참석한 학봉 김성일 후손의 말에 공감하면서 박수를 보냈다.

이와 반대로 인근 안동지역에는 중앙선 철길에 관련된 비참한 비화가 있다.

독립운동가이시며 초대 임시국무령을 지내신 이상용(李相龍) 선생이 이 지역 출신이시다. 선생은 정통 유학자로 태어나 학문의 고도화를 이룩하신 분이다.

선생은 계몽만으로는 독립이 어렵다고 생각하여 50세가 넘은 나이에 전 재산을 남몰래 팔아 전 가족을 앞세우고 차디찬 간도 땅으로 건너가 독립군을 양성하고 신흥무관학교를 만들어 우리의 독립에 앞장서신 분이다.

그런데 선생의 집터 중앙에 중앙선 철길을 신설하여 소위 말하는 폐가를 만들어 버렸다. 선생이 간도에서 독립군을 양성하고 대한독립운동을 하였기 때문이다. 이런 찢어지는 아픔이 어디에 또 있겠는가?

중앙선 철길이 어느 한 분은 묘소를 500m 피해서 설계해 주고 독립운동가 이상용 선생의 집터는 중앙선 철길을 깔아 폐가를 만들었으니 이 사안의 옳고 그름의 판단은 독자들의 몫이라고 생각한다.

다시 말하지만 잘못된 역사관은 깨끗이 정리해야 된다. 그게 조광조와 정약용이 부르짖었던 실용 개혁의 원리이다.

사람으로 말한다면 신체 일부분에 상처가 생기고 염증이 생겼는데 그 고름을 짜내거나 파내지 않고 그대로 봉합하고 살아가는 것과 같다. 잘못한 것을 그대로 덮어두고 가자는 것과 같은 원리이다. 원인 규명을 하지 않고 대책을 세우지 않는다면 개인이나 국가에 무슨 발전과 건강이 있겠는가?

우리의 역사에서는 그런 과정이 집권 세력의 힘과 권력의 압박으로 세습되었다. 그러니까 임진왜란 이전의 역사에서도 그런 일들이 있었기에 뭉개버린 것이다. 바로 거기에 얄팍한 간신배 세력들이 포진하여 그런 식으로 진행하였다. 참으로 우리 왕도정치의 크나큰 폐습이었다.

우물 안 개구리인지도 모른다. 나의 흉은 보지 못하고 남의 흉만 보이는 것이다. 임진왜란 당시 임금이나 권력층에게도 자신의 흉이 보이지 않았다. 내 탓 우리 탓의 인식 부족은 누명을 씌우고 삼족을 멸하였을 정도인 것이다.

그 중 지금도 풀리지 않는 수수께끼는 이순신 장군의 죽음이다. 대다수 역사학자들은 이순신 장군이 전쟁이 끝나면 집권 세력들의 농간으로 신변에 이상이 생길 것임을 미리 알고서 마지막 전쟁터에서 자결이라는 최선의 선택을 했으리라고 본다. 나 역시 그러한 주장을 긍정적으로 본다.

이순신 장군은 당시 최고의 명서인 기문둔갑(奇門遁甲)을 천명하신 대원수이시다. 그 당시 중국의 역사에서도 느낄 수 있다. 한창 전쟁 중에 원균 일당의 밀고로 옥고를 치렀지 않았는가 말이다.

다시 말해서 그릇된 역사를 척결하지 못한 탓에 잘못된 역사가 자꾸 되풀이되는 것이다. 그 당대 정치 현실이라고만 생각하기에는 부족하다.

국정을 정상적으로 바로잡았더라면, 권력자들의 비리는 척결되고 나라는 올바르게 통치되었을 것이다.

치욕의 7년이란 긴 세월, 조선의 국토가 일본에 짓밟혀 백성들이 온갖 고초를 받은 역사가 있음에도 아직도 엉뚱한 지역 예찬론에 귀가 멀어서, 선거 때만 되면 지역감정이 살아나고 그것으로 올가미를 씌우는 형태가 계속되는 한탄스러운 역행이 계속되고 있으니 누구를 원망하랴.

우리 민족이 아직 깨어나지 못했다고 자탄할 수밖에 없으니 그렇게 위안을 삼아야지 별다른 묘책이 있겠는가? 수십 수백 번의 전쟁을 치르는 과정에서 그 결과를 보고 익히고 배워서 전쟁 박사가 되었을 법한데도 아직도 과오가 반복되는 이유는 우리의 민족성 문제가 더 크다고 생각된다.

조금 살만하면 과거를 잊어버리고 상대방 낚싯밥이 크게 보이면 속이 쓰린 사고방식. 예나 지금이나 여기저기서 속이고, 진실을 분간하기도 전에 잘못된 빠른 선택으로 마무리해버리는 것이다.

아무튼 나는 우리 민족성에 문제가 있다고 스스로 비평한다.

이스라엘과 일본

이스라엘 경우에서 하나의 교훈을 새겨볼 필요가 있다. 전쟁이 발발하면 이스라엘은 전 국민이 무조건 하나로 뭉친다. 남녀노소(男女老少) 구분이 없다. 해외에 나가 있는 동포들까지 귀국한다고 한다.

세계에서 이스라엘의 강인한 민족성을 제일로 인정하고 있으니 이스라엘이란 나라가 맹주를 하는 근본 원인이 이런 점에 있다고 본다. 우리는 어른에서 어린아이들까지 이들의 국가관을 배워야 한다.

물론 이스라엘의 경우 야금야금 자기 영토 확장을 계속하고 있다. 힘의 원리로 미국을 등에 업고 상당한 이유 없이 이웃나라 국경을 넘어 자기들 멋대로 전쟁을 일으킨다. 그 자체가 잘못이며 옳은 일은 아니다. 이런 점에서 이스라엘이 잘한다고 말할 수는 없다. 그러나 그들의 국가관만큼은 익혀야 한다. 옳은 것을 배우자는 것이다.

근대사에서 세계 어느 나라도 이스라엘에 함부로 시비 걸지 않는다. 그들은 국민 전체가 하나라는 정신무장으로 단결되어 있기 때문이다. 아이에서 어른까지, 더 나아가 외국에서 생활하는 이스라엘 국적의 재외국민들까지 그들은 하나의 이스라엘로 함께한다.

그들의 국가를 위하는 마음은 세계를 움직이고 있다. 세계 최고의 강국인 미국을 움직이며 선진국들도 자기들의 마음대로 조종한다.

이러한 이스라엘을 처음부터 끝까지 배워야 지구상에서 살아남는다. 우리나라 어린이들도 어른들도 이스라엘의 국가 철학을 배워서 우리 것으로 삼아야 살아남을 수 있다.

반면 일본 신세대 학생들의 역사관은 어떤가? 언론에서 놀라운 사실을 읽을 수 있다. 독도가 일본 땅이라 믿는 신세대가 80%를 넘었다는 사실이다. 이런 언론 기사를 믿어야 하는 건지 의심스러우면서도 기사를 보면 울분만 쌓인다. 후세에게 자랑스러운 것을 물려줘야 하는데, 이웃 왜적들의 잘못된 역사관이 맘에 걸린다.

일본 정부가 교과서에서 또 가정에서 사회에서 진실이 아닌 것을 자꾸 합리화시키다 보니 그것이 큰 죄인 줄을 모른다.

앞으로 이를 어떻게 치유해야 할지 참으로 막막하다. 우리는 이러한 복잡하고 어려운 과제를 갖고 있으며, 이를 어떤 방식으로 해결해야 할 것인지 국민 각자가 머리를 맞대고 힘을 합쳐야 한다. 이 큰 역사적 난제를 후세에게 남겨 줄 수 없기 때문이다. 지금 이 문제가 가장 큰 과제이다.

우리나라의 지리적 여건은 강대국에 근접해 불리하지만 이들을 잘 설득하고 우리의 슬기와 지혜로 이끌어간다면 오히려 우리가 강대국들과 손잡고 비전을 제시할 수 있는 아주 좋은 여건을 만들 수 있다.

그러기 위해서는 정신적으로 하나가 되어야 한다. 국민 전체가 하나로 일심 단결하여야 한다. 단합된 충실한 국가관을 만드는 데에는 국가를 이끌어가는 지도층부터 앞장서야 한다.

앞에서 지적하였듯이 또다시 잘못하여 침략을 받으면 이제는 더더욱 험난한 죽음의 길로 갈 수밖에 없다.

젊은이여, 용기를 갖고 일어나서 나가자. 세상은 우리 젊은이들을 부르고 있다.

우리는 지구상 모든 나라와 손잡고 나갈 수 있는 에너지가 있고 머리가 있고 젊음이 있다.

제 3 장

에너지
ENERGY(氣)

에너지의 원점은 변혁

국토가 북진 융성할 때의 역사성에는 모두 단결되어 하나가 되는 계기가 있었지만, 국토가 갈라질 때는 분노가 치밀고 원성과 배반이 뭉치면서 폭발하는 과정을 그 역사성에서 찾아볼 수 있다.

이와 같은 내용은 역사가 돌아가는 과정에서마다 나타나고 있으니 국민 모두가 숙지하고 있으리라 본다.

고구려의 북진정책, 삼국이 서로 분열하고 모든 것이 송두리째 무너지는 과정 등은 우리 역사에서뿐만 아니라 세계의 전쟁사에서 흔히 보는 과정이다.

인간세상에서 생활의 원심은 기(氣)를 제대로 잘 받들고 활용을 잘 하는 데 그 초점이 있다. 순수한 말로 표현해 보자면 에너지체(氣)라고 나는 부른다.

개인에게도 에너지가 있듯이 우주도 하나의 거대한 에너지 체계로 구성되어 있다.

에너지란 것을 두고 유, 무를 가려버리면 그때부터 소멸의 원점이 된다. 그 에너지 체계가 개방적 민주적인 것과 그렇지 않은 것이 있다면 분명히 그 틀의 원인을 주시해야 한다. 돌고 돌아가면서 원을 만들어 에너지를 생성한다면 자연적인데, 그 발생을 원점에서 멈춰버리면 그것은 변화가 없다는 것이다.

그 가치를 인간 생활에 적용한다면 변화의 주축은 개방이라 하고, 그렇지 않으면 보수라고 한다. 그리고 당연히 변화를 해야 하는데, 그 변화를 두려워하는 쪽이 보수이다. 변해야 상생의 바다를 볼 수 있는데, 변화를 한다고 하면 보수주의자들은 설 자리가 위태로워진다고 느끼기 때문이다.

긴 세월을 하나의 모델에 비유한다면, 보수적인 곳은 길게 가지 못하는 단점이 있는 반면에 개혁은 어려움이 기다리고 있다는 단점이 있다.

이러한 개혁에 대해 실학자 조광조는 이렇게 말하였다. '개혁을 하면 크게 망할 수도 있고 잘될 수도 있다. 그러나 개혁을 하지 않으면 망한다.'고 말이다. 이게 개혁의 원리이다.

세상은 변화를 두려워해서도 안 되고, 필연 즉 변화를 하면서 살아가야 한다. 다시 말해서 변화와 개혁이란 항상 우리와 함께하는 생활 시스템이라고 생각하자.

물이 고여 있으면 부패되듯 변화는 인간이 살아 있는 한 진행되는 것이다.

이전에 도전하지 않았던 일, 새로운 일에 진출하는 것 그 자체가 무리수인 것은 사실이다. 그러니 그 과정에는 얼마나 힘들고 고통스러운 것이 대기하고 있겠는가? 그것은 강한 자만이 견딜 수 있다고들 할 정도이다.

그러나 그렇다고 하지 않을 수 없는 것이 개혁이다. 하지 않으면 다 같이 무너지기 때문이다. 그래서 두려움 없이 뚫고 나가야 한다.

어차피 무너질 바엔 해 보고 무너지자. 그게 젊음의 상징이다.

우주의 기

풀잎에 맺힌 이슬 한 방울에도 우주가 있다. 그들에게는 그들 나름대로 생성의 기(氣)가 있다. 이른 아침 풀잎을 찾아 인사하고 이야기하면서 자세히 관찰하면 내 말의 뜻을 이해하게 될 것이다.

인류 역사상 3개의 사과가 있다고 한다. 첫째는 인류 선조인 아담과 하와의 사과이고, 두 번째는 만유인력 뉴턴의 사과이며, 마지막 세 번째는 스위스 영웅 빌헬름 텔의 화살에 맞은 사과라고 한다. 그 사과들은 곧 우주의 원리 에너지를 일컫는 것이다.

합천 해인사에는 유네스코 세계 기록 유산으로 등재된, 우리의 자랑스러운 팔만대장경(81,348장)이 있다.

몽고의 침입에 맞서기 위해 1236년부터 1251년 사이에 제작된 팔만대장경의 보관 방법을 보자. 경남 합천 해인사에 있는 해발 700m 고지의 보관소를 본다면, 스스로 느끼는 바가 있을 것이다.

목판의 습도를 여름에는 89%, 겨울에는 76%로 유지하기 위하여, 고습한 기후인 곳을 선택한 것이다.

현재의 기술은 지하실에서도 인위적으로 방법을 강구하여 보관 관리하지만, 오래 전 역사에서는 모든 기류와 기상 현상을 자연스럽게 이용하여 적합한 보관 방법을 실행하여 온 것이다.

이것이야말로 선조들이 과학적인 모든 것을 동원하였다는 증거이며, 이는 인간의 생활을 나름대로 세밀하게 분석하고 고증한 자료에 의해서 검증된 결과물이다. 우리 선조들의 지혜를 현장에서 피부로 느낄 수 있다.

지금 우리가 전혀 생각하지 못 했던 이상과 철학을 당시에 반영하고 영구하게 만든 것에 대해 고개 숙여 경건한 마음으로 봉축하고 싶다.

조상의 이러한 미래를 보는 생각과 감성을 감히 따라올 자가 있겠는가?

위에서 본 바와 같이 우리나라의 지형은 참으로 기가 막히게 구조적으로 잘생겼다. 소위 말하는 4대 열강의 가운데에서 우리는 국토의 면적에 비해서 강력한 힘을 배양할 수 있는 지정학적 중심에 위치한다고 볼 수 있다.

우리가 힘이 약하면 남에게 당하기 좋게 자리 잡고 있지만, 반대로 우리가 힘을 널리 펼치고 싶으면 머리도 있고 팔도 있고 다리도 큰 몫을 할 수 있게끔 그런 자연으로 구성되어 있다. 지도를 펴 보면 신기하게도 우리나라의 위치가 그렇다.

그러니까 역발상으로 주변국들을 잘 조정하고 기획한다면 우리가 살 길이 보인다.

그럼에도 말과 같이 쉽게 안 되는 이유는 강대국들이 욕심과 입장에 따라서 태도를 달리하기 때문이다.

지난 과거 역사에서는 그들의 국력과 우리의 국력의 편차가 컸지만, 현재에는 쉽게 국력차를 논하기 어렵다는 것이 나의 지론이다.

그 동안 우리나라는 생활의 질이 상승하고 경제력이 확보되었다. 즉 힘의 배양 상황이 갖춰진 것이다. 조선시대의 중세 문명에서 지금은 현대 문명인 세계화에 앞장서 있다.

지금의 잣대로 보자면 과거 조선시대에서는 우리에게 적합하지도 않은 성리학을 들고 나와서 국가의 존폐에 큰 악영향을 주었다고도 볼 수 있다.

여기서 성리학이 나온 배경을 분석해야 한다. 어떤 학문이든 최초의 역사성을 분석하지 않고서는 그 유·무를 가린다는 게 어렵다.

성리학의 폐해

성리학은 그 당시는 신(神)적인 학문이다. 그걸 부인할 수도 없으며, 지금도 인문학적 차원에서 진정한 개혁학문이라 할 수 있다. 다만 시대적 역사적 배경에서 우리에게 맞는 맥을 스스로 인용하여 우리 것으로 만들어야 한다.

성리학이란 구식 문화를 갖추고서 주변 강대국을 상대한다는 것은 웃기는 이야기일 뿐이다. 저 바다 끝에는 낭떠러지가 있다는 지구평면설과 무엇이 다른가?

우리만 성리학을 채택한 것은 아니다. 근본적으로 중국이 성리학의 모태이다. 그러나 중국의 역사에서 성리학은 이미 버린 학문이다. 성리학의 본고장인 중국은 그 장점과 단점 분석을 일찌감치 완료하였기 때문에 성리학을 버렸다. 반대로 성리학을 인계 받은 우리는 많은 세월을 더 충실하게 실천하였기에 피해가 더 컸다.

유교 성리학의 본당인 성균관은 기본성은 사라지고 그들만의 집단이 되어 사회에서 개혁 대상으로 변질되어 버렸다. 그들 고위층들은 계속해서 부패 집단으로 낙인찍히고 수치스럽게 되었다.

반복해서 말하지만 성리학의 최대 피해자는 한국이다. 중국은 정신적인 사상만 함께할 뿐 습관적 학습은 버렸다. 지금은 공자라는 브랜드만 가지고 전진한다. 소위 말하는 공자학당을 전 세계에 보급하여 자기들은 지키지도 않는 것을 비단옷으로 갈아입혀서 상징적으로 만들어 놓고 그들의 역사적 뿌리를 전파시키는 데 혈안이 되어 있다. 그리고 중국 국민들이 세계 각지에서 공자를 앞세워 뭉치도록 전략을 세운다. 그런데도 우리는 퇴보된 학문에 더욱 매진하는 것을 보면 안타까울 따름이다.

개혁과 평등사회를 부르짖고 일어난 선조들도 당시의 기득권 세력에 밀려서 목적을 이루지 못하고 역사를 바꾸지 못한 선례들이 있지만, 현대사에서 성리학이 자연스럽게 뒷길로 사라지는 것은 개혁을 하려고 애쓰다 만 대한제국에서부터 이어진다.

일제 강점기를 거쳐서 해방의 기쁨과 함께 우리는 새로

운 도약의 역사를 쓰게 된다. 서양 문화가 자연스럽게 도입되면서 언제 어디서든지 선진 서구 문화를 함께 공유하게 된 것이다. 이는 일제 강점기에 미국에서 독립 운동을 하면서 자연스럽게 서구 문물과 접촉하게 되었고, 또 국가 경제 발전으로 생활 패턴이 변해가는 과정에 있었기 때문이라 할 수 있다.

일제 강점기를 벗어나면서 우리는 새로운 도약을 시작해야만 했고, 이 과정에서 국가는 그 지긋지긋한 구습에서 자연스럽게 벗어나게 된다.

그 전에 우리에게도 민족 스스로 잘 살 수 있고, 이웃나라에 괴롭힘을 당하지 않을 수 있었던 몇 번의 기회가 있었다. 그렇지만 권력층은 그걸 고민도 하지 않고, 오히려 개혁을 주장한 사람들을 반역으로 몰아 처벌하고 참형시켜버리는 바람에 꽃을 피우지 못하고 얼음 속에서 기나긴 세월을 보내야 했던 것이다.

이러한 과정에서 우리 국민성 중에 끈기가 시작되는 계기를 마련했고, 이를 시작으로 하여 우수하고 영리한 두뇌와 부지런함과 죽기 살기로 일한 것에 대한 답이 20세기 후반부터 나타나기 시작한 것이다.

즉 우리는 그 에너지 전환점을 시작으로 지칠 줄 모르고 전진이란 용어에 페달을 밟으면서 오늘날까지 전진하고 있다. 이렇게 에너지라고 하는 것은 혼자 발생한 기류가 각각 하나로 뭉쳐서 발진하여 기하급수적으로 늘어난 셀 수 없는 수치를 나타낸다.

힘의 구심점, 인간

국내의 극심한 정치적 소용돌이 속에서도 한번 불이 붙은 이상 꺼질 줄 모르고 계속 고공 행진을 한 덕분에 경제면에서 세계 속의 한국이란 이름이 세상에 퍼지게 되었다.

지구상에서 극히 일부인 작은 땅덩어리를 갖고 있는 나라, 그것도 모자라서 두 개로 갈라져 있는 나라가 세계 어느 곳에 가더라도 그 나라 사람들의 얼굴을 볼 수 있는 것이다.

여기에는 우리의 성실한 국민성이 뒷받침되었고, 또한 기업가들의 헌신적인 노력에 기인한 점이 크다.

기업가들이 투철한 국가관을 갖고 일한 결과로 국가 경제 성장에 큰 공을 세웠고 이를 바탕으로 세계 속에 대한민국을 일류국가로 만든 건 사실이다. 그런 면에서 우리는 기업가들에게 감사와 신뢰를 보내야한다.

물론 기업의 목적은 이윤을 극대화시키는 것이다. 그것이 그 기업의 목적이며 사명이다.

그러나 최초의 기업이 만들어지는 과정에서 여러 형태의 갈림길이 있었지만 글로벌화 시대의 기업은 소비자로부터 얻는 신뢰가 바탕이 되지 않으면 살아남지 못하게끔 구조적으로 되어 있다.

이 과정에서 살아남고 지속적인 성장을 하기 위해서 기업은 소비자를 상품 가치로 보고 소비자는 그 기업 브랜드를 신뢰성으로 보는 것이다.

제조 또는 서비스 업종의 기업은 그들의 축적된 에너지를 압축시키는 일이 곧 하나의 에너지를 원동력으로 만드는 핵인 것이다.

그렇다면 그 힘의 구심력은 어디서 나오는가? 바로 인간, 사람이다. 인간의 힘을 커다란 탱크에 넣고 그 힘을 분자로 만들어 생산 역할을 한다.

예를 들어 외국에서 우리나라 태극기와 기업을 상징하

는 브랜드가 같이 등장하는 경우가 있다. 이것은 우리나라의 국위 선양에 크게 보탬이 되며, 우리 국민들의 침체된 에너지를 향상시키는 데 엄청난 도움이 되는 것이다. 이처럼 태극기는 우리나라를 하나로 만들어내는 상징적 혼(魂)의 결성체이다.

그러나 일제 강점기에 마라토너 손기정 옹은 가슴에 태극기를 달지 못하고 어쩔 수 없이 일장기를 달고 뛸 수밖에 없었던 참혹한 때도 있었다. 우리의 역사 중에는 그러한 암흑의 세월이 있다.

그러나 보라! 북극 항로에 쇄빙선이 태극기를 달고 항해하는 모습!

태극기를 단 우주선이 광음을 내며 하늘을 향해서 솟아 올라 가는 광경!

남극과 북극의 얼음 속에서 우리의 연구진이 차세대를 위해서 세계 과학자들과 주야로 실험하는 모습!

바로 이런 것들이 우리에게 큰 희망과 기대를 주고 있는 것이다.

간혹 어른들의 잘못으로 어린 세대가 자책하고 희망의

꿈을 져버리게 하는 일이 있는 것 또한 사실이다.

그러나 세상살이에 100%라는 것은 없다. 현재를 분석하고 그것을 토대로 미래에 대한 정답을 구하고 국민이 한마음으로 손을 잡고 나아가는 것이 미래에 대한 답이다.

다시 말해서 바른 길을 가지 않고, 잘못된 길을 선택하려고 한다면 그 길은 국민들이 같이 갈 수 없는 길이요, 동참하지 않는 길이 될 것이다. 국민들 스스로 원하는 길이 아니기 때문에 서로를 신뢰하지 못하기 때문이다.

또, 붕당(朋黨)을 시도하여 복잡하고 질서 없는 행동이 나타나는 경우도 있다. 역사 인식이 제대로 되지 못한 경우에 그러한 사건이 발생한다.

마음과 혼(魂)으로 신뢰가 이루어지는 생활을 우리는 바라고 사람들은 거기에 주목한다.

청년들이여, 혼(魂)으로 답하라.

역사와 에너지

우리 한민족의 에너지 중에서 '빨리빨리 문화'가 이젠 토착화되었다. 대한민국을 최대한 단기간에 도약시켜야 한다는 압박감에서 밤잠을 설치고 부지런히 일하다 보니 빨리빨리 문화가 우리 몸에 익숙해진 것은 사실이다. 하지만 역사 복원이라는 점에서 볼 때는 빨리빨리 문화를 버려야 한다.

찬란한 삼국시대 문화를 복원하는 현장에 가 보면 몇백 년 당시 그 시대물을 지금의 감성으로 만들어 버리는 곳이 너무 많다. 참으로 답답하다.

역사를 보존하는 과정이 아니라 단순한 짜깁기 문화가 되어버리면 다음 후세들에게 어떤 역사를 넘겨주고 가르치겠다는 것인가?

신라의 대표적 유적지인 경주안압지만 해도 현재 넓은

잔디밭으로 조경되어 있다. 그러나 고증된 자료를 수집하고 확보하며 기다렸다가 정상적으로 복원해야 그게 바로 제대로 된 역사 복원이다.

백제의 문화도 마찬가지이다. 얼마 전 공주 공산성이 복원된 공개 현장을 청취 답사하는 기회를 가졌다.

그곳에서 들은 이야기로는 몇 년간 자료 수습을 하다가 현장을 찾지 못한 상태에서 장비 기사가 기왕에 못 찾을 바엔 깊숙이 한 번 더 파내려 가 보자 하여 그 반경을 12m 더 파 내려가다 보니 당시의 유물을 발견하였다고 한다.

다행히 그 장비기사의 용기로 공산성의 자료는 찾을 수 있었다. 그러나 역사의 복원 현장에서도 여전히 빨리빨리 문화가 적용되는 현실을 참고하여 바른 길을 선택해야 한다.

세상은 3D사회로까지 발전해 왔다. 인공지능시대로 세상은 바뀌었다. 우주시대에 이미 도달하였다. 지금 2010년대가 지나면 3D와 인공지능으로 세상은 빠른 속도로 발전해 갈 것이다.

그런 면에서 우리 젊은이들의 하루하루가 아깝기만 하다. 앞으로 올 시대를 준비하지 못하면 항상 뒤에서 남의 설거지만 하게 된다. 이를 이해하지 못하고 분석하지 아니한다면 궤멸하고 말 것이다.

1분 1초를 아껴가면서 연구에 몰두하는 젊은이들이 우리 대한민국의 초석으로 자리 잡아야 우리나라는 크게 전진할 것이다.

우리 젊은이에게 희망과 용기를 듬뿍 주고 싶다. 우리 젊은이들은 아주 명석하다. 세계에서도 우리 젊은이들을 인정하고 신뢰한다. 과학·스포츠·음악·전자·문화 다방면에서 긍지를 갖고 열심히 뛰고 있다.

골프계의 신화 박세리·박인비 등은 미국 골프 명예의 전당에 이름을 올리는 쾌거를 거두었다. 그리고 피겨의 여왕 김연아, 리듬체조 손연재 등 우리 젊은이들이 세계 정상에 국가의 브랜드를 올려놓았다. 예술계에서도 조성진은 음악의 노벨상으로 불리는 쇼팽콩쿠르에서 우승하였다.

이러한 에너지는 어디서 나오는가? 그것은 바로 각자의 위치에서 열심히 땀을 흘린 그 노력의 가치라고 생각한다.

맞다. 젊은이들은 열심히 하고 있다. 그러나 근본적인 에너지체는 조상 에너지 합성에서 나오기도 하고, 또 대한민국이 위치한 지구 땅의 위치에서 나오기도 한다고 생각한다.

우리 조상 에너지는 성실하고 부지런한 혈통을 지니고 있다. 대한민국의 땅 에너지는 온대지방에 위치하여 사계절이 뚜렷한 기후와 그로 인한 온도가 인간 생명체를 양질로 성장하게 하여 건강한 두뇌를 지니게 만든다. 이렇게 순수한 기질과 바탕이 후세에게 이어지는 것이다.

우리 민족은 기본적으로 다른 지역과 비교가 되지 않을 정도의 우수성을 이어받은 민족이다. 그를 바탕으로 우리 민족은 넘어지면 또 일어나는 끈질긴 근성도 함께 이어받았다. 이런 면에서 부모들은 아이들에게 믿음과 용기를 주기 바란다.

에너지 창출이란 유선에서 무선으로 발달하듯 그 원동력은 과히 말로 할 수 없는 경이로운 것이다.

사람이 우주여행을 하는 그 에너지는 어디서 나왔는

가? 하늘의 에너지와 땅의 에너지가 합이 된 결성체가 이루어지는 곳에서 나온다. 인간이 살아가는 사회에서는 인간이 중심이 되어야 한다.

지구상의 모든 것은 사람에게로 모여 있다. 지구를 움직이는 것은 자전과 공전이겠지만 그 외 나머지는 인간의 손에 의해 이루어진다.

네 발로 걷는 동물은 힘이 아무리 세다고 할지라도 두 발로 서는 인간에게 귀속하게 된 것이다. 그 이유를 생각해 보면, 네 발 동물은 하늘을 쳐다보고 원을 그릴 수 없지만 인간은 자기 맘대로 회전까지 한다. 우주 생성의 원천을 말하고 답습하여 존재감을 갖고 영위할 수 있는 것이 인간이다.

이렇게 모든 것은 사람의 손에서 이루어지게 만들어져 있다. 즉 인간의 위대함을 알아야한다.

지역마다 또 사람마다 우수성의 차이가 있는 것은 그 힘의 배양을 집중적으로 하는 정도가 다르기 때문이다. 문화, 인문, 전쟁 등에 따라서 국가라는 운명체도 부침(浮沈)할 수 있듯이 국가의 지도자와 그 역사성이 맞아떨어지느냐, 국가와 국민이 함께 손잡고 나가느냐에 따라

발전하고 퇴보하는 차이가 나타난다.

물질의 파동 원심력과 소리 파동의 원심력이 처음에는 작고 소수점에 불과하지만 이게 진동을 시작하면 감당할 수 없듯이 인간 에너지체도 활성화 단계에 들어가면 거대한 우주체로 바뀌는 것이다. 다시 말해서 인간의 힘을 인간에게 필요한 에너지로 만들어야 한다.

따라서 젊은이들은 진귀한 땀을 흘려보아야 한다고 나는 힘 있게 목소리를 내고 싶다.

일하면서 흘리는 땀도 있겠지만 경쟁에서 이기기 위한 땀과 어려운 궁지에 몰려 그 궁지에서 살아남기 위해서 필사적으로 흘리는 땀은 다르다. 옷을 몇 번이나 바꿔 입어가면서 쉴 새 없이 흘리는 그런 땀을 흘려 보았는가?

이마에 흘리는 땀은 물방울에 불과하다. 땀 냄새가 나는 땀을 흘려보아야 진실한 땀의 가치를 알게 될 것이다. 그러한 땀이 나온 다음 소금기 있는 땀이 나오고 그 다음에 혼(魂)이 나타난다. 이를 수십 번 반복해야 진정한 땀이 나온다. 그 뒤에는 머리가 신성해진다. 나의 경험이다.

입안에서 쓴 냄새가 나고 소금기의 땀방울이 눈에 들어가 따가워야만 제대로 땀을 흘린 것이다. 이런 땀을 하루나 이틀 흘렸다고 해서 땀의 속성을 알 수 있을까?

아니다. 적어도 1년 정도는 진정한 땀을 흘려 보아라. 그런 뒤에, 땀에 대한 정의를 내려라.

제 4 장

보수와 개혁

오, 나의 대한민국

대한민국은 지금 총체적 위기이다. 개혁하지 않으면 망할 수밖에 없는 현실에서 해매고 있다.

현재 한국이 처한 위기를 크게 나누어 보면 첫째, 남북분단, 둘째, 강대국과의 대치, 셋째, 경제 발전이라고 나는 진단한다.

오, 대한민국이여!

지도층 및 기득권만 모른다. 그들은 변화하지 않으려고 한다.

국가기관을 비롯한 관리들이 전면적으로 부패되어 있다. 살아남을 수 있는 방법은 썩은 곳을 도려내는 대수술, 개혁뿐이다.

나는 줄기차게 주장한다. 개혁뿐이다. 삼천리 금수강산, 아름답고 평화로운 대한민국을 위하여!

개혁을 부르짖는 개혁자의 입장이든 보수든, 돌고 도는 그 틀 안에서 개혁은 부분적으로 아주 약하게 느리게 말로만 진행되고 있다.

다만 그 과정에서 보수의 결집이 강하다 보니 개혁이란 단어가 수면 위로 올라오지도 못하고 쑥 들어가고 마는 것이다. 보수의 틀에서 개혁의 길은 어렵기만 하다.

역사의 흐름에서 보면 가득 찬 상태에서 개혁이 나오는 경우가 있고, 개혁의 필요를 느낄 때 나오는 경우가 있는데, 식중독이 걸리는 과정과 흡사하다.

식중독에 걸린 사람이 식중독의 원인이 된 음식이 맛있다고 계속 먹으면서 식중독을 치료하려고 한다면 얼마나 웃기는 일이겠는가? 부패되면 버리거나 아니면 새로운 것을 선택해야 한다.

또 강한 성격을 가진 사람 중에는 자기만 생각하는 고립화된 자도 있다. 분명한 것은 자기가 최고라는 고정 관념이 강한 곳일수록 개혁하지 못하고 빨리 무너진다는 것인데 이를 그들만 모른다.

그런가 하면 자연적으로 변화를 추구하는 사람도 있다. 개울(川)가의 부드러운 버드나무가 풀피리를 불어주듯 말이다.

우리 역사가 보수를 바로 내던지지 못한 것은, 우리 사회가 유교적 본관 제도에서 성씨(姓氏)에 중심을 둔 신분사회, 즉 계급제도가 기본이 된 사회였기 때문이다. 지도층이 기득권을 갑자기 내려놓는다는 것은 그렇게 쉬운 일이 아니다.

다시 말해서 지금도 현존하는 부족 국가들이 그 굶주림과 노예제 등에서 탈피하지 못하는 이유는 우리가 일찍이 겪었던 신분사회 제도를 국가 정책으로 사용하고 있기 때문이다. 하나의 인생이 태어나서 평생 노예로 살 수밖에 없는 곳이 지금도 지구상에 존재하고 있지 않은가.

그런 점을 본다면 폐쇄적 보수라는 것이 참으로 무서운 병고이며, 인간을 고통의 무덤으로 몰아가는 길잡이란 것을 우리는 실감하지 않을 수 없다.

자유롭고 평등하게 살아야 할 인간이 그런 폐쇄적 보수라는 틀 안에서 살아간다면 그게 무슨 인간인가? 인간 제조공장에서 만들어내는 상품일 뿐이지.

한편 보수라는 그 울타리는 기득권 세력에서 보면 그보다 더 좋을 수가 없는 것이다. 그들만의 안녕과 환희를 느끼고 쾌락을 즐기면서 살아가면 되기 때문이다.

일단 그 울타리 안에 들어가기만 한다면 얼마나 세상살기가 좋은가? 현 북한 수뇌부 귀족 집단의 삶이나 저개발 국가 왕족들의 형태가 그러한 현실을 말해준다.

그들은 보수의 울타리 밖으로 나오면 그 즉시 불안하고 어찌 할 바를 모른다. 보수라는 하우스 안에서 변화를 모르고 대대로 살았으니 어찌할 줄 모르는 것은 당연한 일이다.

이처럼 세계 어느 곳에서도 보수의 벽은 너무 높고 너무 두껍다. 그 안에서 자기들만 잘 살아가는 집단이기 때문이다. 그들에게 개혁이란 단어는 필요치 않는 허구일 뿐이다.

지금 우리 사회에서도 그 향수에 젖은 이들은 보수의 벽을 깨지 못하고 있다.

왜 특권층 보수라는 것이 존재할까? 남북이 대처하고 있는 상황에서 그 이유를 찾을 수 있다.

하나의 성(姓)씨가 대(代)를 이으면서 집권을 계속하다 보니, 그들의 휘하에 권력을 나누어가질 수 있는 인원이 260,000명이라 한다. 이 수치는 국가 총 인구 대비 0.3% 정도 된다. 이 26만 명 안에 들어가는 멤버에게 북한은 지상 천국이 따로 없다. 그 세력들이 나머지 전체 인구를 기아에서 헤매게 만드는 것이다.

그들의 조직적 뿌리는 부모 자식도 없다. 지구상에서 자기들보다 더 편하게 살고 즐기며 사는 이들도 없으니 말이다.

예를 들어 중국의 서태후(1835~1908)는 대단한 미식가이면서도 한 끼 식단에 128가지 메뉴를 차려 놓은, 참으로 미쳐도 보통 미쳐 버린 사람이 아니었다. 그는 황제위의 권세를 누리면서 상어지느러미(샥스핀)을 가장 즐겨 먹었다고 한다.

서태후는 일반 백성 한 사람이 일 년 먹을 식사비를 한 끼에 먹어 치웠다고 기록되어 있으니 지금 생각해도 도저히 이해가 가지 않는다.

그러니 이들이 변화를 바라겠는가? 변화하면 자기 위치가 흔들리고 자기들의 설자리가 위험하고 혹시나 자기들의 목숨마저 위태로울 수 있다는 절망감이 우선하는데 말이다.

우리나라의 예를 본다면 나라와 백성을 팔아먹은 이완용과 그를 따른 일당들을 기억하는가? 이들의 원조 뿌리가 계급 신분사회이다. 하나의 성(姓)씨 사회와 뜻을 같이한다. 이 원흉들을 척결치 못한 잘못이 두고두고 한(恨)으로 남는다. 지금에 와서 갚음과 화해는 이미 떠난 것이다.

이렇게 특권층 보수들은 그들만 평생 누리고 살 수 있을 것이라고 오판을 한다. 현재 자신들이 먹고 싶은 것, 갖고 싶은 것, 즐길 수 있는 것은 무엇이든 원하는 대로 채울 수 있기 때문이다.

또, 일반 국민들은 아무리 개혁, 개방이 좋다고 해도 그보다는 전쟁으로부터의 안전이 우선이 된다.

우리나라 같은 우수한 민족이 개혁을 빨리 못하는 것에 대해서, 북쪽의 총구가 우리를 향하고 있는데 우리만 개혁하면 어떻게 하느냐고 하는데 이론적으로 맞지 않는다고 생각한다. 왜냐하면 그렇다고 해서 개혁하지 않는 것은 전혀 잘못된 것이기 때문이다.

전쟁을 치러 본 경험이 있는 국민들은 개혁, 개방이라고 하면 눈이 커질 것이다. 전쟁 시 한꺼번에 모든 것이 무너질 수 있다는 것이 국민들의 마음에 가득 차 있기 때문이다.

사실상 우리 기성세대는 1950년 6·25전쟁을 경험하였다. 그리고 북한의 사회주의란 1인 체제의 기계식 사회주의이기 때문에 우리는 그들을 100% 믿지 못한다. 그리고 지금까지 북한에서 매번 약속을 져 버리고 말과 행동을 다르게 하였기에 경계하는 것이다. 무엇보다도 도저히 믿을 수 없는 것을 우리에게 너무 많이 보여주었기 때문이다.

이와 같이 우리의 기성세대들이 가장 크게 압박을 느끼는 곳이 곧 북한 집단이다. 우리나라 보수층의 결집이 북한의 속내를 너무나 잘 알고 이용하고 있기에 가능하다는 것에 대해서 열 번 백 번 동의한다.

일본을 경고하며

또 있다. 왜놈들이다. 아무리 격식에 맞는 용어를 쓰려고 해도 일본이란 호칭보다는 왜놈이라고 해야 마음의 울분을 토할 수 있고 심호흡이라도 할 수 있다. 사람이 하루에 35,000번 가량 호흡을 한다고 하는데, 왜놈이란 말만 주위에서 해도 호흡이 줄어드는 것 같다.

우선 위아래 치아가 고정돼 버린다. 그만큼 신경이 쓰인다는 증거다. 아무리 격해도 먼저 화내면 싸움에서 패한다고 하였는데 나 자신이 거기에 포함되는 기분이다.

품위 때문에 어떤 말을 어렵게, 다시 말해 격상시킨다면, 대화를 하는 동안에는 그 말을 수준급으로 평가 받을 수는 있을 것이다. 그러나 일시적으로 분위기는 수준급이 될지는 몰라도 전 국민들에게 와 닿는 마음의 전달은 아니다. 그래서 나는 '왜놈'이라고 호칭할 수밖에 없다.

왜놈들이여! 지금 대한민국 국력이 약하다고 야만적인 행동을 하는지 모르겠지만, 너희들의 행복과 건강은 이미 바닥을 쳤노라 나는 경고한다. 그들의 지나온 역사가 말하여 주듯이 일시적 점령은 했을지라도 영원히 지배할 수는 없었다는 사실을 그들은 지금 망각해 버린 것이다.

이웃이 잘 살아야 내가 잘 살 수 있다. 한걸음 더 나아가 내가 이웃을 잘 살게 만들어 주어야 나 역시 앞으로 잘 살 수 있다. 이 섬김의 말이 인생을 살아오면서 터득한 최고의 인생 교훈이다.

이웃을 기쁘게 해주면 네 스스로 기쁘지 않은가? 반대로 네 이웃을 괴롭히면 네 자신도 괴롭다.

상대방의 부족함을 채워 줄 수 있다면 그는 행복의 샘물을 발견하는 것이다. 상대방이 잘못된 방향으로 가고 있을 때 바른 길을 제시해 줄 수 있다면 네 스스로 하늘의 감사를 받는다. 그리고 상대방이 아파할 때 마음으로 함께 아파해 주어야만 세상을 공유할 수 있는 것이다.

이런 일들은 어떤 대가를 바라고 해서는 아니 되는 것이며 마음에서 스스로 용기를 내어 행동으로 옮겨야 되는 것이다.

지금 내가 이 세상에서 구김 없이 살아온 것도 모두 다 주위에서 나를 밤낮으로 도와주었고 이끌어 주었기 때문이다. 이를 다시 되돌려 주어야 하는 것은 지극히 당연한 임무이다. 이 세상에서 혼자 잘 살면 무슨 소용이 있는가?

나는 이 말을 언제 어디서 때와 장소를 가리지 않고 한 시간이고 두 시간이고 상대방이 이해할 때까지 토론하고 이야기할 수 있다. 소년 소녀는 물론이고 성공한 자 실패한 자 모두가 해당된다.

질문을 해보자. 이 세상에서 혼자 살 수 있겠는가?

나는 스스로 답한다. 혼자서는 살 수도 없지만 혼자 잘 살 수도 없다. 아무리 대부호라 할지라도 혼자서 그걸 어떻게 누리고 느끼고 살아갈 수 있단 말인가? 혼자서는 불가능하다는 것이 세계사에서 몇 번이나 반복된 사실이다.

국가도 마찬가지이다. 이웃과 분쟁하여 잘되는 나라를 보았는가? 그럼에도 불구하고 왜놈들이 전쟁에 대한 미련을 버리지 못하는 것은 1인 극렬 보수체제이기 때문이다.

섬나라의 기질적 특성상 수천 년 동안 전쟁에서 이겨야

살아남을 수 있다는 각인이 그들의 선조로부터 이어져왔다. 그들은 대장이 흔드는 깃발에 움직이는 군인과 같다. 섬나라의 장점이자 단점으로 무조건 복종형이라고 풀이되는 것이다.

왜놈들의 생활과 그들의 정신 자세는 국가관에서 한 발짝도 물러서지 않는다. 더구나 그들은 자기의 부족함을 감추어 버리는 데 능수능란하다.

그들의 장기 계획 중에는 상대방의 문화를 자기가 원조인 것으로 만들어 버리는 고약한 악법을 추진하면서도 왜 그렇게 하는지를 일반 국민들은 모르고 알 필요도 없다는 식으로 살아온 것도 있다. 모든 것이 일본으로 통한다는 개념이 심장부에까지 꽉 차 있다.

이렇게 그들은 정신 무장이 잘 되어 있다. 그들은 그것을 무기로 미국을 공격하였고 중국, 러시아, 유럽을 대통합하겠다는 야심에 차 있다. 힘이 밀리면 날개를 내리고, 힘이 강해지면 그들은 지구 끝까지 가겠다는 불타는 열정으로 매진하고 있다.

이들의 정신이 바로 사무라이 정신이다. 이 사무라이 정신에는 이웃이 없다.

분명히 말하지만 그들은 패자의 도박을 자행하고 있다. 그렇지만 우리는 그들의 정신과 배신행위를 함께 배워야 한다.

그들은 오늘 다르고 내일 다르다. 그들의 전략은 오직 손을 비비고 웃음을 팔아서라도 타국을 강탈하는 것에 목적이 있다. 바로 섬나라의 기질이다.

평생 한번만이라도 권좌를 누리고 싶어 한다. 지구 끝까지 가서라도 상대방을 자기 것으로 만들어 노예로 삼으려는 전술이다.

그들은 항상 위험을 안고 살고 있기에 손바닥을 잘 비빈다. 살기 위해 몸을 잘 사린다.

그들의 수단에 넘어가기 쉬운 부류가 우리네 고관들이다. 앞에서 잔꾀를 부리기 때문이다. 세계 역사를 흔드는 바보짓이다.

그런데도 저들의 계책에 따라 움직이는 비정상인들이 늘어나고 있다. 맹목적으로 저들 입장에서 의견을 제시하고 세를 규합하고 있다.

우리는 저들의 깊은 속성을 배워야 한다. 우리 주변에는 사기꾼 같은 역사 조역자들이 있을 뿐이다.

중국이나 일본이 그렇다. 1989년에 고구려 역사를 중국 역사로 편입시키는 일을 맡은 주요 책임자 중 한 사람인 중국의 장 웨이린 교수는 1995년 그 대열에서 스스로 물러나며 다음과 같이 말했다.

"역사학자에게는 두 가지 부끄러움이 있다. 첫 번째는 숨기는 것이다. 히틀러가 200만 유태인을 죽이는 것보다 그 역사를 감추는 역사학자들이 더 부끄럽다. 나의 조국이 역사 앞에서 그 진실을 숨길 때 참으로 부끄럽다.

두 번째는 진정한 위인을 알지 못하고 찾지 못하는 역사학자들이 바로 그들이다. 진정한 위인은 자기 가족만을 위해서 또는 조국만을 위해서 사는 사람이 아니다. 진정한 위인은 만인을 위하는 것이 바로 진정한 위인이다. 나는 그 진정한 위인을 이제야 알게 되었다."

중국의 한 교수가 중국의 잘못된 역사관을 지적하면서 물러나게 된 사연이다. 이 시대의 진정한 역사학자를 알게 되고 만나게 되어서 다행이다.

일본이나 중국이나 그들은 우리가 생각하는 것과 엄청난 차이가 있다. 그들의 목적을 달성하기 위해 동원할 수 있는 것이 있다면 지구 끝까지 가서라도 해 낸다. 좋든 싫든 상대방에게 무릎을 꿇고서라도 해 낸다. 자기들의 나라, 자기들의 오너인 사무라이를 위해서 말이다.

그들은 정예화되어 있는 국민이다. 그들은 국가 공무원이나 하나의 국민에 이르기까지 완전 무장되어 있다.

원자 폭탄이 날아와도 자기들의 탓이 아니다. 핵원자로가 지진에 사고를 당해도 오직 국가를 위해서 감당한다.

더 나아가 희생한다. 아파도 굶주려도 그들의 국가 앞에 모두 견디어낸다. 개인적으로 흩어지지 않는다. 어떤 사고가 발생하면 더욱 더 힘을 모은다. 그들의 조국을 위해서 피 한 방울 남지 않을 때까지 헌신한다. 질서정연하게 차례를 기다리고 춥고 배고파도 그들은 국가를 위해서 인간으로서 참을 수 있는 한계까지 참아낸다. 우리의 국가관과 큰 차이점이 있는 것이다.

대한민국 국민들은 국가보다 내가 잘 살아야 된다고 생각한다. 상대방은 필요치 않다. 오직 나 하나만 잘 살면 된다는 착각 속에서 살고 있다.

근대사에서 보면 이러한 잘못된 생각을 가졌던 자들의 후손이 지금도 잘 살고 있고, 국가를 위해 힘썼던 위인들의 자손들이 어려운 생활을 하는 현실 때문에 그런 생각을 갖게 되는 것이다. 그러나 인간 존중의 평등과 민주 원칙에서 벗어난 너무나 개인적인 생각일 뿐이다. 어찌 보면 내일이 없는 인생 같다.

이 점이 바로 우리 현실, 기성세대의 단점이며 부끄러운 일이기에 이걸 바로잡아야 하는 것이다.

이렇게 우리와는 반대로 그들은 하나의 명령에 전체가 움직이는 집단적인 것이다. 그들의 단점을 외부에 알리는 것조차 차단하고 있다. 2013년 봄, 그들은 공무원의 대외권리를 강화해 버렸다. 이러한 현상은 일본대지진에서도 나타났다. 1억 명이 넘는 일본 왜놈들의 선진 부강 채권국가에서 국가 공무원이 국민을 위한 알 권리도 모두 차단해버린 것이다. 국가를 위해서라고 하면서 말이다. 민주주의 선진국가라면서 말이다.

민주사회이면서 국가의 이익 앞에 개인은 죽어도 말을 못한다. 사회적으로 여론의 시비를 차단하고, 국가보위에만 전념하는 국민이 되자는 이념을 갖고 있다. 국민 개인의 자유는 어느 정도 풀어주되 국가관에 대해서는 신 보수적 개념으로 살아가는 사무라이 정신이 가미된 민족이다. 그들은 국가 장래에 대해 이해하고 국가의 안녕을 위해서는 목숨을 버려도 전혀 아깝지 않은 전투적인 괴뢰 사무라이 정신으로 무장된 집단이다.

그들의 위치가 화산과 섬이란 독특한 관계에서 그런 에너지가 나온다. 동남아 지역의 섬나라하고 다른 경우이다. 그들의 야망은 오직 세계를 점령하기 위한 것에 목적을 두고 매진하고 있는 것이다. 행동 하나하나에 그 목적성을 갖고 있는데 외부사람들은 그들의 국민성을 다르게 보고 있다. 우리는 이 점을 냉철하게 알아야 한다.

척결 문화

가정이나 사회 국가적 문제에서 척결(剔抉)이 가장 중요하다. 하나의 시작이자 매듭 완성의 단계이며 종결을 뜻한다. 이것이 없이는 시작도 끝도 없이 의미를 부여할 수 없는 연장에서의 흐름만 있을 뿐이다.

척결이란 다시 말해서 뿌리를 뽑는 것인데 농부들이 논이나 밭에서 잡초를 제거하지 않고는 농사를 제대로 지을 수 없는 것이다.

다시 말해서 밭에 경작을 일 년만 하지 않아도 그 밭에는 온갖 잡초들로 무성해 논밭의 기능을 완전히 상실해 버린다. 농토로 사용할 수 없어지며, 전혀 다른 외래종이 자기들의 세상을 형성하게 된다.

조그만 틈새만 줘도 척결의 대상들은 깃발을 들고, 바로 세력화되어버린다. 이런 행위가 바로 보수적인 생각을 가진 자들이 즐겨 쓰는 행동 방식이다. 어물쩍하면 척결이 오히려 붕괴되어 버린다.

척결문화 없이 개인이나 사회 또는 국가도 발전할 수 없다. 반성하지 못하고 척결하지 못한다면 인간의 탈을 벗어야 한다. 짐승과 다른 것이 있다면 인간은 하늘을 보고 살 수 있기에 동물들을 지휘 관리하고 살아가는 것이다.

근대사 중에서 반드시 짚고 넘어갈 척결문화가 있다. 병호시비(屛虎是非)라는 사건으로 2013년 5월 보도가 되었는데 여기에 그들의 퇴보된 보수적 행적이 나열되었다.

이 사건은 호계서원의 위패를 모시는 과정에서 퇴계를 가운데로 하고, 그 다음 자리를 누가 차지할 것인지에 관한 류성룡 문중과 김성일 문중 간의 자리다툼이었다. 누구를 왼쪽에 모시느냐 하는 문제 때문에 400년이나 걸린 진흙탕 싸움으로, 스승을 놔두고 제자끼리 싸웠다는 보도에 참으로 부끄러웠다. 그 정도로 세상이 혼탁해진 것인가?

현대사에서도 보수들의 행적은 변하지 않고 더욱 심각하게 나타나고 있다. 5·16군사 쿠데타에서부터 12·12군인폭동 등을 지나며 군사독재와 유신들의 행위들을 서서히 합리화하고자 하는 시도들이 꿈틀거리고 있다. 전두환 같은 경우는 지금도 얼마나 떳떳하게 살아가고 있는가?

야비하고 통탄스럽다. 그런대도 그들은 세력 과시를 한다.

더욱 가증스러운 것은 역사를 뒤집고자 한다는 것이다. 그냥 그대로 그 당시 일들을 솔직하게 사죄하고 툭툭 털고 일어서면 안 될까?

보수들의 색채가 난무할 때 우리의 젊은이들의 앞에는 엄청난 시련과 난관이 기다리고 있다. 그들도 그런 과정을 역사에서 배웠다. 그러면서도 자신이 당사자가 되면 자기는 괜찮겠지 하고 넘어가려고 한다.

앞에서도 지적한대로 이 모든 것들이 척결해야 할 문화가 정리되지 않은 상태에서 오는 크나큰 부작용이다. 여기에 시달리며 심적 부담을 안고 살아가야 하는 이들이 모두 역사 앞에서 피해자가 된다.

왜놈들이 36년간이나 우리를 나라 없는 비통한 식민지

노예로 살게 만들어 버렸음에도 아직도 왜놈 추종자들이 많다. 일본을 선호하는 원흉들은 지금도 정치·경제·문화 다방면에서 실권을 유지하는 웃기는 연극을 하고 있다.

그들을 척결하지 못한 바람에 그들의 자식들이 떵떵거리고 잘 살고 있다는 것도 척결을 제대로 하지 못한 우리들의 잘못이다.

대한민국 수립 당시 왜놈들의 앞잡이들을 그대로 권력의 자리에 배치한 것이 지금까지 그 뿌리가 남아 있는 것이며 이것이 이승만의 최대의 실수였다. 초대 대통령 이승만은 거기까지 생각을 못하였는가?

역사를 하루아침에 변화시키는 것이 왜 이렇게 어려운지에 대해 학교에서 정상적으로 교육하지 않는다. 왜 그런가? 왜의 잔재가 집권 조직의 틀 안에 있기 때문이다.

반대로 백성의 마음을 하나로 만든 아름다운 척결을 외친 죽음이 우리역사에도 있었다. 바로 매천 황현이다.

1910년 8월 29일 경술국치로 왜놈에게 나라가 식민지가 되자 이렇게 되도록 어떻게 책임지는 한 사람 없는가 하면서 자결한 실학자다. 매천 황현 선생 영령 앞에 고개 숙여 명복을 비는 바이다.

아름다운 척결문화 중 집안 조부(祖父)에 관련된 이도 있다. 김삿갓으로 유명한 김병연은 호걸이자 시인으로, 벼슬을 하지 않고 평생 전국을 돌아다니며 세상을 한으로 마감한 인사다. 국가에 불충했던 자기 조부에 대한 염으로 손자인 김병연(김삿갓)이 한 많은 생을 살아간 것이다.

우리 역사상 척결문화의 대표적 인물이 또 있다. 세계적 식물 종자학자 우장춘 박사이다.

우장춘 박사의 부(父)는 우범선으로 구한말 고종왕의 비(妃)인 민비시해사건에 참여한 인물이다. 그 후 그는 일본으로 도주하여 일본 여자와 결혼하여 아들을 낳았는데 그가 바로 우장춘 박사이다. 우범선은 이후 일본에서 저격당했고 우장춘은 자라서 식물 종자 연구로 세계적 학자가 되었다.

독립 후 이승만 대통령은 우리의 가난한 위기를 바꿔야 하는 절박한 처지에서 우장춘을 초청하였고 우장춘은 자신의 아버지 사건을 계기로 고국에 충성할 것을 다짐하며 귀국길에 올랐다.

그는 열악한 조건에서도 자기 가족을 버리고 헌신적 충정으로 대한민국 농업기술에 혁신적 틀을 마련하여 종자개량 사업과 씨 없는 수박에 이르기까지 우리나라 민생 먹거리에 과히 혁명적인 기초를 마련해 주고 고국 땅에서 운명하였다.

그 아버지 우범선의 죄는 살아 있지만 그는 고국에 큰 공을 세웠고, 후세는 부산 동래에 우장춘 기념관을 세웠다. 이것이 우리가 추구하는 아름다운 척결 문화인 것이다.

현재 척결의 문제가 정상적으로 정리되지 않은 상태에서 우리는 살고 있다. 언젠가는 현재까지의 폭동의 역사에서 글로 역사를 다루는 인간다운 인문역사로 전환되리라 믿는다. 그렇지 않으면 우리는 항상 마음 졸이고 살아가야 한다.

척결문화가 정상적으로 진행되지 않는 것이 바로 왜놈들이 원하는 것이다. 우리는 이걸 모르는 척 살고 있는 모르쇠 인생이다. 다시 말해서 왜놈들이 지금도 우리를 호시탐탐 노리는 이유는 우리가 척결문화를 제대로 정리하지 않으니 우습게 보는 것이다.

중국과 일본 왜놈들이 왜 우리를 만만하게 보는가? 중국과 이웃하는 베트남이나 필리핀 등보다 우리에게 더 국제적으로 망신을 주고, 자기들의 입맛에 맞지 않으면 경제적 보복·외교적 보복과 망언 등 우리 국민을 깔보는데 수단 방법을 가리지 않는다.

특히 중국은 국경을 같이하는 주변 나라가 16개국이나 된다. 그러면서도 우리와는 바다를 건너 국경을 이룬다.

지난 역사에서 베트남은 중국 일본을 끝까지 부셔 버렸다. 남중국해 섬을 놓고 베트남 필리핀 등은 자기의 국익을 위해서 중국과 전쟁을 치를 각오로 나온다. 베트남은 프랑스와 미국과의 전쟁, 중국과의 교전에서도 이겨냈다. 그런 전승에 있기 때문에 중국은 이들 나라에 함부로 도전하지 않는다.

한국은 2000년 중국산 마늘에 대해서 관세를 올렸다가 휴대전화 수입 금지라는 반격에 백기를 들었다. 그렇기 때문에 중국이나 일본은 한국을 만만하게 보는 것이다. 우리가 잘못 판단한 선례이고 저자세 국민성이 지금의 결과를 만들었다. 잘못된 척결문화를 바로잡지 못한 보수

정권이 원인이다.

그들이 외세에게 맞추는 역사, 다시 말해서 일본을 위해 우리 역사를 조작하기 때문에 위안부 할머니들의 상처도 아직까지 미결로 남아 있다. 안타깝다. 세계가 다 인정하는 역사를 왜놈들만 아니라고 한다.

또 그 추종세력들의 농간에 우리는 더 이상 나가지 못하고 있다. 왜놈들의 역사 조작 앞에서 우리는 지금 어떻게 대처하고 있는가? 우리의 피를 빨아먹은 왜놈들이 마구잡이로 흔들어도 친일파들인 지도층들은 고작 성명서 하나 던지고 마는 종이호랑이로 변질되고 말았다.

지금도 왜놈들에게 편승하여 깃발 들고 있는 자들이여! 당신들의 정체는 과연 태극기인가, 아니면 일장기인가? 이를 분명하게 말해야 한다.

몸은 태극기인데 정신과 행동은 일장기를 흔들어대는 방관자들은 정리 대상자들이다. 그들의 자식들과 미래를 위해서이다.

한 번 태극기는 영원한 태극기가 되어야 한다. 그래야만 그들의 자손이 이 땅에서 살아남을 수 있다.

이렇게 어리석은 자들을 이번에도 척결하지 못한다면

또 어떤 결과를 나올지 우리는 예측할 수 없다. 호미로 막을 것을 가래로 막으려 한다면 위험하다.

우리의 속담이 미래를 알려주고 있다. 일장기 문화를 지금 호미로 막아야 한다. 틈새를 주면 안 된다. 그러지 못하면 그 이후에는 제2의 성웅 이순신 장군을 찾기조차 힘들 것이다.

지금 우리 국민들의 정신이 너무 많이 지쳐 있다. 그런 와중에 왜놈들은 자기들 입맛에 맞는 자들을 옹호하고 그들을 위장하여 앞으로도 계속해서 혼란의 공세를 취하게 될 것이다. 우리의 역사를 자기들에게 맞게 뜯어 고치는 것은 그 무언가 전환점을 찾았다고 보아야 되는 것이다.

그들이 노리는 속셈은 이미 공포되었다. 각 분야에서 단기전과 장기전의 전술로 개입하고 있다.

왜놈들은 우리의 이웃 아닌 이웃이다. 사상 최대의 적국가이며 우리에겐 평생 이간질 국가이다. 그들은 끝까지 경계를 늦추면 안 되는 사람들이다.

일본은 앞으로도 계속해서 기회를 노릴 것이다. 정치 경제 문화 사회는 물론 세계 어느 곳에서든 우리와 연결

되는 곳이라면 그들은 때와 장소 가리지 않는다.

유엔에서도 마찬가지이다 왜놈들은 우리에게 이중 삼중 플레이를 하는 이들이다. 반기문 유엔사무총장 선거 때도 일본은 이중 플레이를 하였다. 각종 세계적인 스포츠에서도 그렇게 한다. 순수 경쟁은 저들에게는 없다.

전쟁의 기회를 만들어 우리를 자기들의 손아귀에 넣는 것이 그들의 최종 목적이다. 그를 위해 어떻게든 제2의 전쟁을 만들어 내려고 하는 그들의 속셈을 우리 국민들은 알아야 한다. 혹시라도 그 속임수에 넘어가는 순간 고통의 세월 역시 각오해야 한다.

말로는 간사하게 호들갑을 떤다. 그들의 웃음 속에 비수가 도사린다.

1997년 12월 경제 파탄(IMF체제)이 발생했을 때 그들은 우리를 외면하였다. 그들은 우리나라가 망하기를 바란다. 망해도 비참하게 망하기를 바란다. 그래야만 그들의 숙원인 한국 점령이 가능하기 때문이다. 심지어 그들은 일본과 부산을 연결하는 해저 터널까지 계획했다.

한국을 그들의 것으로 만들려는 목표와 계획이 지난 역사에서 지금까지 내려오고 있다. 그걸 우리가 모르고 살아가고 있으니 소름이 끼친다.

안타깝다. 나라를 경영하는 지도층 인사들이여, 한심스럽다! 지금도 나라를 바로세우지 못하고 서로 싸우고 있다. 소위 말하는 보수와 진보라고 하는 인물들도 그 문턱에서 하나도 앞으로 정진하지 못하고 있다.

참으로 우리는 미련한 민족이라는 생각도 해 본다. 그러나 그것은 아니다. 우리끼리 마음이 하나로 단합되지 못해서 그 수많은 고통과 억압을 되풀이하고 있는 것이다.

그 해답을 스스로 찾아야 하고 거기에 더욱더 매진해야 한다. 젊은 후진을 위해 우리가 끝까지 노력하고 일하며 달성해야 한다. 혹시라도 다하지 못하면 후손들이 이어받아서 노력해야 할 것이다.

제 5 장

부정부패가 적이다

나도 잘한 거 없다

내가 앞글에서 지적한 것에 대해 네 스스로 잘 한 것도 없으면서 남을 비판할 수 있는가 라고 자신에게 묻는다면, 비판이 아니라 같이 동행하자는 취지에서 글을 쓰고 있다고 대답할 것이다.

나라고 잘 한 게 뭐가 있다고 말하겠는가? 어렵고 힘들지만 최소한 질서를 지키고 사람의 가치를 존중하면서 지금까지 살아온 것이 전부라고 나를 평가하고 싶다.

나 자신을 스스로 진단해 본다면 진정한 개혁 보수주의자라고 말할 수 있다. 소수의 특정인들만 잘 살고 다수의 남은 자들이 고통과 억압 속에서 살아가는 것을 이 세상은 더 이상 허용하지 않을 것이며 결국 어느 누군가가 앞장서서 들고 일어서는 혁명이 일어나는 것이 역사적 사실인데 그걸 미연에 방지하기 위한 차원이다.

국가적·사회적 울타리 안에서 스스로의 생각과 판단으로 하는 일이며 온 국민이 함께 잘 살아야겠다는 차원에서 그런 생각이 나온 것이다.

지금까지 우리 역사의 현실은 지도층들이 나만 잘 살면 되고 다른 사람들은 그저 그렇게 살아도 된다는 그런 마음으로 정치를 해 오고 있다는 사실이다.

개혁하고 다 함께 잘 살아보자고 외치신 분들은 세상을 어렵게 살아왔고 또 그 말년의 고통과 억압이 그 후손까지 이어져서 후손도 처참하게 살아 왔음을 우리는 실제로 보았고 현재도 그런 과거가 되풀이되고 있는 중이다.

나 역시 이런 과정을 보면서 나 하나만이라도 외치고 싶다. 기성세대들에게 외치고 싶다. 잘못된 역사는 여기서 마감하자고 말이다.

우리의 역사 탓만 하지 말고 이제라도 스스로 잘못을 뉘우치고, 젊은이들이 세계로 전진하는 데 도움이 되고 더욱더 아름다운 세상이 되도록 하는 게 지금을 살아가는 우리 기성세대의 임무이기 때문이다.

부정과 부패는 솔직하지 못한 집단, 독재와 자신의 속죄를 모르는 보수적 집단에서 잉태되는 것이다.

부도나는 나라를 보라. 대부분 독재 보수주의자들의 치하에서 자기 집단만 잘 살자고 하는 나라이다. 산유국조차도 부패해서 망하기도 한다. 그 다음은 힘없는 국민들만 정처 없이 이곳저곳을 해매는 난민 신세가 된다.

결국 전체 인구의 3%만 부패로 잘 살 때 나머지 97%는 고통 속에서 신음하게 된다. 국가라는 것이 3% 인구만 잘 살자고 97%가 힘들게 살아서 되는가?

국민의 에너지 힘과 권력층의 힘, 에너지를 비교하면 답이 나온다. 다 같이 잘 살자고 박수치는 에너지와, 3%가 잘 살자고 박수치는 것은 비교 대상이 안 된다.

생각을 크게 바꿔라. 언제까지 타령에 귀나 기울이고 있을 것인가? 부패한 생각을 언제까지 합리화하려고 한단 말인가? 그런 경우 좋은 에너지에서 방출되는 정의로운 기(氣)를 그 누구도 잡지 못한다.

사회가 부패하면 그 어떤 것도 이룰 수 없다. 아무리 잘난 사람도 돈 많은 재벌도 정치가도 예술가도 부패가 그 가슴 속에 잔재한다면 그에게는 영광스럽지 못한 훗날이 대기한다.

부패된 세계적 기업이 얼마나 지속되던가? 부정부패로

물든 정치가들이 훗날 역사에서 어떻게 평가되었는가? 그 답이 이미 나와 있는데 그 인생을 왜 답습을 하는가?

우리의 역사에서 어떤 사건이 터지면 당시에는 억압이나 다른 어떤 방법을 동원해서 그냥 넘어 갈 수 있지만 그러나 역사에 잘못은 잘못으로 남는다.

그래서 학교에서 역사를 배우고 가정에서 밥상머리 교육을 배운다. 그런데 배울 때는 우수한 성적으로 배우는데 세상에 나와서 그걸 실천하는 것은 정말 어렵다.

그렇다면 나는 왜 척결이란 용어를 반복해서 말하는가?

우리는 정권적 정치적으로 부패를 대물림하여 왔고 또 그로 인해 이 사회가 핍박을 받았으며 인권이 짐승 이하 수준으로 추락한 시대가 있었다. 보수주의자들, 집권자들, 사회지도층이 시대의 요청을 거부하였기에 나라를 어려운 파탄 지경으로 넘어가게 한 것이 한두 번이 아니었다.

우리가 인간으로서 동등한 위치에서 행복을 추구하고, 다함께 행복한 사회가 되고자 하는 데에 실패한 것은 잘못된 문화를 척결하지 못해 국가 근간이 잠식되어 있기 때문이다. 그 잘못된 뿌리를 완전히 제거해야 된다.

지금 2010년도를 기준으로 본다면 사회적 척결대상에 종교인 개신교까지 포함되어 있다. 소위 말하는 부자(父子) 세습 문제이다.

일부 교회의 문제이지만 아버지가 목사면 그 뒤를 이어 아들이 목사가 되어 그 교회의 재산을 마음대로 사용할 수 있는 제도이다. 우리 사회에서 통념이 되어버린 이야기이다.

그런데 하느님(우주의 자연)은 그걸 그대로 존재하도록 두고 보지 않는다는 것이다. 이 자연의 섬세한 우주적 원리를 터득하면 그들이 상상도 못할 무서운 이야기가 그 안에 숨어 있다는 것을 그들 자신만 모른다.

대한민국의 젊은 피

그래도 우리는 비약적으로 발전하고 있다. 역사 속에서 숭고한 정신적 지주는 항상 젊은 피에서 나왔다. 구국의 혈기가 우리 젊은이들의 용기에서 나왔다.

지정학적으로 열강의 틈새에 끼어 있는 것 같지만, 이를 긍정적 사고방식으로 새롭게 변환하여 본다면, 우리에게는 무궁무진한 잠재력과 성장 가능성, 섬세한 예술적 가치와 천부적인 능력을 갖춘 한반도의 지리적 특성이 내재되어 있다.

이것이 원동력의 기본이고 기초이며, 세계에서 감히 흉내낼 수 없을 기술로 우리 안에 각인되어 있다.

이 지구가 갖고 있는 에너지 원심이 곧 한반도에 집중된다는 사실을 우리는 이제부터라도 철저하게 인지하여야 한다. 인간이 살아갈 수 있는 최적의 지리적 위치인 토질, 기후, 풍토, 생성력이 우리에게 있는 것을 하느님께 감사해야 할 일이다.

보라! 춥고 힘들고 험악한 산악과 허허벌판 만주에서 독립을 외치고 부르짖고 동포애로 마음을 함께하며 이국 땅에까지 가서 마침내 독립을 이루어내었던 이들이 우리의 젊은이들이었다.

그 열악한 조건에서 안중근 의사 같은 분이 어떻게 큰 일을 할 수 있었겠는가? 세계가 놀라고 경탄하는 일이다.

안중근 의사 기념관을 보라! 중국 수상 주은래(1898~1976)가 헌화하고 친필 휘호를 남겼다. 그들도 감히 할 수 없는 일을 이루어 낸 것에 감탄했기 때문이다.

지금도 안중근 의사 기념관에는 추위나 더위에 상관없이 안 의사의 사상을 공부하려고 오는 학생들과 일반인들이 길게 줄을 서 있다.

우리는 안 의사를 반드시 배워야 한다. 안중근 의사가 참형당한 뤼순감옥을 찾아가야 한다. 특히 국가의 지도자들이 거기에서 참회하고 안 의사의 정신을 이어받아 국가관을 슬기롭게 만들어야 한다. 진정한 국가관 말이다.

안중근 의사 어머님의 편지 내용이 귓가에서 들려온다.

'네가 만약 늙은 어미보다 먼저 죽는 것을 불효라 생각한다면 이 어미는 웃음거리가 될 것이다. 너의 죽음은 너 한 사람 것이 아니라 조선인 전체의 공분을 짊어지고 있는 것이다.

네가 항소를 한다면 그것은 일제에 목숨을 구걸하는 것이다.'

국가를 위해 목숨 바치는 것을 자랑스럽게 여기라고 격려하는 어머님 편지이다.

이렇게 우리는 꿈에서 시작했던 일들을 거침없이 해내왔다. 지난 역사에서도 바다에서는 장보고, 대륙에서는 고구려의 광개토대왕이 거침없이 광야를 달렸던 사실을 우리는 소중하게 간직해야 한다.

일제 강점기 통학 열차에서 젊은이들은 그동안 참아왔던 울부짖음을 방열함으로써 광주학생운동이 시작되었고, 16세 소녀 유관순 열사의 깃발은 삼천리 방방곡곡을 독립의 외침이 누비게 만드는 원천이 되었다.

전쟁의 폐허에서 세계인들은 희망이 없는 대한민국이라 하였지만, 남북 대치 상황에서 반기문 유엔 사무총장이 등장하였다. 세계의 독보적인 아티스트 백남준과 전세계 젊은이들의 인기를 한 몸에 받은 싸이는 그들이 전후 우리나라에서는 감히 상상도 할 수 없었던 인물들이다.

그뿐인가? 거북선 동전 신화의 기업가 정주영! 어디에서 그렇게 세계적인 명인이 또다시 나올 수 있겠는가?

그 중에서도 단연 이순신 장군을 최고의 영웅으로 꼽고 싶다.

당시 집권 기득권층들은 온갖 회유와 밀고를 넘어서 고문까지 하여 성웅 이순신 장군을 감옥에 보냈다. 그러다 계속 패전하자 이순신 장군을 풀어주면서 전쟁을 치르라고 했다.

남은 전함 12척(기록은 13척)을 갖고서 나라의 지원 하나 없이 그러면서도 불평 한마디 없이 이순신 장군은 빛나는 전승을 하였다. 이 때 승리하지 못했더라면 우리 조국은 어찌 되었을까?

대한민국 역사 중 최고의 역사이다. 우리 젊은이들이 반드시 배우고 익혀야 하는 과정이다.

이렇게 조국을 위해 싸우신 이순신 장군에게 우리는 늘 감사해야한다.(우리 민족의 역사 속에서 감사하는 표현이 부족하다는 것에 대해서 난 개인적으로 교육의 부재 때문이라고 생각한다. 도움을 받고서 거기에 대한 고마움과 감사함을 어떻게 모를 수 있는가. 우리 인간과 언어가 통하지 않는 짐승들도 감사하다는 표시를 한다. 다시 말해서 감사함을 모른다면 짐승보다 못한 수준이다.)

이렇게 우리의 근대사는 극에서 극으로 이어지는 과정을 되풀이하는 희비의 역사를 갖고 있다.

독재를 허용할 수밖에 없었던 3·15 부정선거를 계기로 4·19혁명까지 이어졌고, 군사 쿠데타와 군사 독재자들에게 맞서 싸워서 민주주의의 깃발을 만들어냈다.

IT산업의 원동력이 우리 젊은 근로자들의 섬세한 손끝에서 나왔다는 것이 우리에게는 힘이요 큰 용기이며 우리가 지향하는 '인간답게 살아가는 선진국'으로 가는 큰 희망이라는 것을 우리 젊은이는 잊어서는 안 될 것이다.

특이한 것은 어떤 악조건에서도 하고자 하는 것들이 우리의 손에서, 우리의 머리에서, 우리의 몸에서 나고 자라고 표출되었다는 것이다. 불의의 상황 속에서도 꽃을 피워내는 강심장이 우리 민족에게 각인되어 있는 것이 사실이다.

우리나라 초대 대통령인 이승만 박사는 일찍이 서구 지향의 근대적 개혁가였다. 청년 시절엔 고종의 전체적 보수 성향을 신랄하게 비판하였고, 고종을 퇴위하고 의화군을 새로운 왕으로 옹립하려는 쿠데타 음모에 가담한 혐의로 1899년 체포되기도 하였다. 투옥 후 권총을 구해 간수를 위협하여 탈옥하였지만, 다시 검거되었다.

그는 감방에서 혹독한 고문을 당하면서 사형 선고를 기다리다가 운 좋게 종신형을 받고, 5년 7개월 복역한 뒤 1904년 고종의 특별사면으로 풀려난다. 그리고 미국으로 건너가 대한독립에 투신하면서 결국에는 대한민국 초대 대통령으로 취임하게 된다.

그러나 집권 후 권력층의 일제 척결에 실패하고 3선 개헌에 이어 민의를 파악하지 못하고 4·19혁명을 자초하게 된다. 그리고 정권 연장을 시도하다가 국민 여론에 밀려 하야한다.(여기서 분명한 것은 권력을 욕심내지 말라는 하늘의 명령이다.)

그 후에도 우리나라의 대통령들은 감옥에 다녀온 이들이 많다. 잘못했다면 떳떳하게 감옥에 다녀오라. 무엇이 두려운가? 그게 후세 역사를 위해서 진정한 인간의 도리이다. 그만큼 권력을 향한 도전자에게는 큰 용기가 필요하다는 것이다.

두려워말고 무서워 말고 도전하라, 젊은이들이여!

상황에 따라 신문지 한 장을 이불 삼아 영하 20도 강추위에도 도전하는 젊은이들이 우리 주위에 배출되고 있는 것은 어떤 악조건에서도 포기하지 말고 도전하라는 지상명령이자 하늘이 우리에게 주는 기회이다.

성취의 맛을 보지 못한 젊은이들이여! 성취를 체험하라.

넘어지면 다시 일어서라. 굳은 각오와 희망이 있는 한, 젊음과 건강이 있는 한 우리에게는 기회가 있고 도전의 장이 열려 있다.

병아리가 물 한 모금 마시는 모습을 깊이 새겨라. 개구리가 멀리 뛰고 싶을 때의 모습을 나는 유심히 관찰했다. 뒷다리에 강렬하게 힘을 실으면 멀리 뛰는 개구리이고,

엉덩이를 잠깐 들면 정조준하여 먹이잡이하는 개구리이다.

1,000m 바위 틈새에서 자라나는 고산 식물을 보았는가? 생명이 살아 있는 한 열매를 맺을 수 있다는 원리를 알았다면 기회는 있다.

사람이나 동물이나 그들 나름대로 변화의 여력과, 목적을 달성하기 위한 통찰력이 필요하다.

보통사람은 보통사람일 뿐이다. 처음에는 따라하는 방법도 방법이 될 수도 있지만, 점차 자기만의 상상력을 준비하고 갖추어라.

생각한다. 인생을 살아가면서 생각한다. 문제가 있는 곳에는 분명히 답이 있다. 그 답을 풀어라.

본인의 생각을 상대방의 입장에서 다른 각도로 생각할 수도 있다고 분석하라. 아무리 의사소통이 잘 되는 사이일지라도 경우에 따라서, 때와 장소에 따라서는 달라질 수 있다. 거기에 문제의 답이 담겨 있다.

분석하기 전에는 오해도 할 수 있다. 기분이 좋지 않을 수도 있다. 그러나 항상 긍정적인 시각에서 문제에 대한 답을 구하라. 부정적인 시각에서 답을 구한다면 그 답은 정답으로 처리하지 않는 것이 옳다.

이게 나의 기본 답변이고 기본적인 틀이다.

세상은 간단한 것 같지만 인체의 구조같이 다양하게 여러 세포로 구성되어 있다. 지금 시대가 요구하는 것이 있고, 다음 시대가 요구하는 것이 있다고 보면 그 원칙에서 방향 전환을 빠르게 할 수 있도록 탈바꿈해야 한다.

현재에 자만하지 말고 미래 진행형으로 나아가야 한다. 인간의 욕구는 항상 진행형을 추구한다. 진행형은 살아 숨 쉬고 있다는 뜻이다.

앞에서 지적한 보수들의 퇴보에서 보듯이 그곳에서 뛰어나오라. 용기 있는 자가 먼저 주먹을 맞을 수도 있다. 먼저 튀었으니 그렇다.

그러나 젊음을 멈추지 말라. 젊음 그 자체가 재산이다. 훨훨 타오르는 젊음의 에너지를 감추려고 하지 말라. 도사리는 이는 젊은이가 아니다.

한두 번 실수할 수도 있다. 그러나 실수했다고 망가질 수는 없다. 그 실수에 대한 교훈이 다음 성공의 길잡이이기 때문이다.

그러니 실수를 기분 나쁘게 생각하지 말라. 비싼 수업

료를 지불하고 얻은 경험으로 분석하라. 어쩌면 그 쓴 약이 나에게 보약이 될 수도 있다.

제 6 장

대한민국 젊은이와 문화

대한민국은 중심에너지다

우리 민족은 세계 어느 민족보다도 우월한 에너지를 갖고 있다. 바로 문화 창조이다. 앞으로는 문화가 세상을 먹여 살린다.

세상은 먹거리만 해결되면 바로 문화 창조로 전환된다. 여기에 필요한 것이 인간의 세심한 상상력이다. 세상이 그런 구조로 짜여 있다. 이 상상력이 한국인의 머리에서 나온다.

지구상 온대 지역을 통과하는 대한민국이 그 중심 위치에 위치한다. 우리 배달민족의 창조성이 여기에 해당되고 그 에너지 창출인자들이 우리 대한민국이다. 그 원 중심에 우리가 위치한다.

아직 대다수 사람들은 느끼지 못하지만, 세계 초강대국들이 이를 알고서 대한민국을 주목하고 있다.

그러나 문화에 대한 국가정책은 항상 다른 분야보다 뒤로 밀려왔다. 대단히 잘못된 것이다.

한 가정에서 아버지가 가장 노릇을 잘못하면 그 가정이 어려워지듯이 국가도 마찬가지로 국가 원수가 이걸 느끼지 못하면 백성이 힘들어진다. 기본적으로 문화 환경이 접목되지 않는다면 국가 정책은 실효성이 없고 곧 무너진다. 역사가 증명한다. 문화 환경을 빼면 더 이상은 아무것도 없다.

그럼에도 불구하고 젊은이는 정진해야 한다. 아무리 현재가 괴롭고 힘들다 해도 나라를 잃은 슬픔보다 더 크지 않다. 그 다음은 먹을 것이 없는 배고픈 설움이다. 국가가 밑바탕인 것이다.

지금 우리나라 젊은이들에게 이런 말은 귓가에 들리지 않을 수도 있다. 나라를 잃은 고통도, 굶주리는 고통도 경험해본 적이 없기 때문이다. 경험하지 못했기에 상상하기도 어려울 것이다.

하지만 멀리 갈 필요도 없다. 지금도 세계 도처에서 발생하는 난민들을 뉴스에서 만날 수 있다. 정처 없이 거닐고 때로는 지나가는 화물선에 짐짝처럼 숨어 간다. 매를 맞아가면서 목숨을 걸고 철조망을 넘어가고 그도 아니면 기관총 앞에 목숨을 잃을 위기에 처하기도 한다.

그 처량한 모습에서 우리들의 선조들도 저보다 더하면 더했겠지 덜하지 않았으리라 생각하면 차마 계속 보기 어려워 눈을 감지 않을 수 없다.

난민들을 보라. 우리나라도 근대사에서 그렇게 나라 없이 국경을 넘나들고 배고픔을 달래 보고자 정처 없이 방황하며 이 나라 저 나라를 헤매던 시절이 있었다. 그런 시절을 생각하면 다시는 그런 시기가 돌아오지 않도록 젊은이들은 더욱 정진해서 각자 생각하는 훌륭한 사람이 되어야 한다.

진정 훌륭한 사람

세계 곳곳에서 이름이 널리 알려진 사람들을 우리는 훌륭한 사람으로 생각한다. 그러나 이름이 알려지지 않아도 자기 길을 뚜벅뚜벅 걸어가는 사람이 훌륭한 사람이다. 진정한 국민은 보통의 평범한 사람, 자기 길을 잘 걸어가는 사람이다.

중국 알리바바 회사의 마윈 회장같이 왜소한 사람이 거성같이 나타나 세계시장을 휘어잡고 있다. 세상에서 튀는 인재는 하늘이 내려준 인물이다. 목표를 정해 놓고 끝까지 밀어붙여 실패를 거듭하면서도 불굴의 의지로 세상을 놀라게 한 북두칠성 같은 사람이다.

나는 마윈을 2010년도부터 예의 주시해 왔다. 특히 그는 사회주의 중국에서 태어났다. 그 점이 너무 신기하다.

여기에서 우리 젊은이들이 배울 점이 있다. 우리나라

젊은이들에게 학습 모델이다.

애플의 스티브 잡스나 MS사의 빌 게이츠 같은 이는 자본주의 국가에서 자기개발을 위한 기본적인 활동에 간섭이 없었지만 마윈은 중국이라는 사회주의 국가 체제에서 비롯한 여러 가지 어려운 환경을 무릅쓰고 성공의 신화를 만들어냈기에 과히 영웅적인 것이다.

마윈의 말을 빌리면 돈이 없어서 한 푼의 돈도 귀하게 사용했고 IT기술에 무지했기에 이 분야의 최고 인재를 고용하였고 계획을 세우지 않았기에 세상에 맞추어 변화를 선도하였다고 한다. 다시 말해서 변화를 목표로 삼아 정진한 케이스다.

무엇보다도 마윈은 보통 사람과 생각이 다르다. 그는 장사꾼, 상인, 기업가를 구분하며 다음과 같이 말한다.

1. 장사꾼은 돈만 번다.
2. 상인은 해도 괜찮은 사업과 하지 말아야할 사업을 모두 한다.
3. 기업가는 사회를 위해 환경을 조성하고 창조적인 정신이 있어야 한다.

즉, 기업가가 되어야 한다는 이런 생각이 어려서부터 못이 박힌 인물이다. 젊은이들은 마윈의 말을 다시 한 번 새겨들어야 한다.

우리에게도 세계를 놀라게 한 국보급 현대그룹 창업자 정주영 회장이 있다.

1971년도에 맨주먹으로 영국 버클리 은행에 차관을 구하고, 은행의 퇴짜에 거북선 화폐를 보이면서 당신 나라보다 300년 앞선 철갑선을 만든 경험이 있는 나라라고 기선을 잡았다. 그들이 배를 사겠다는 주문서를 가져오라 하자 세계 선박계를 탐문하여 선박왕 오나시스에게 울산 바닷가 사진을 보여주면서 배를 사겠다는 주문을 하면 조선소를 지어서 배를 만들어 주겠다고 설득하여 주문서를 받아낸다.

요즘 같으면 웃음거리가 될 일이지만 정주영 회장은 약속을 성공으로 이끌어낸 장본인이다.

젊은이여, 어떻게 이러한 아이템이 나오고 배짱과 의지력 사고력으로 상대방을 자기의 마음대로 움직이는가?

지금 생각하면 지구상에 이런 일을 해 낼 수 있는 사람이 또 있을까 하는 의구심도 든다. 그러나 그런 큰 사람들은 계속해서 나오고 있다. 다시 말해서 제2의 정주영 제2의 마윈은 계속 등장한다. 우주는 둥글고 변화하기 때문이다.

만유인력이란 것을 알고부터 세상은 급진적으로 변화하고 발전해왔다. 그리고 세계의 물리학자들은 제2의 지구와 같은 행성이 광속 1,400년 거리에 있다고 한다. 저 멀리 바다 끝이 지구의 끝이라 믿었던 것에 비교하면 우주 시대에 인간의 상상력은 끝이 없으리라.

2013년 지금의 세상에서 앞을 본다면 인공지능시대는 상상 이상으로 우리 곁에 와 있다. 드론이 상품 배달을 하고 컴퓨터가 운전을 대행하는 시대가 너무 빨리 오고 있다.

기계가 인간을 지배하는 이상한 시대를 준비해야 할지도 모른다. 기계와 인간이 함께 살아가려면 인간은 무엇을 해야 할까.

이러한 시대를 눈앞에 두고도 우리나라는 무엇이든 단숨에 달성하고 답을 얻고자 한다. 무리다. 엄청난 무리라고 생각한다. 무언가를 단숨에 하려고 한다면 그것은 정답이 아니다. 상상력과 생각을 분명하게 다듬고 나서 그 다음을 진행해야 되는 것이다.

장면 정부 시절 초대 주미 특명전면공사와 유엔 대표를 지낸 제주도 출신 故 고광림 박사는 이렇게 말하였다.

'개인이나 국가나 위대한 성취는 한 세대에 이루어지기 어렵다. 몇 세대 수십 세대를 두고 공을 쌓아야 한다.'

고광림 박사는 1949년 미국에 건너가 3개 대학에서 박사학위를 받은 수재이면서 후일 하버드 예일대 등을 나와 미 국무부차관보를 지낸 고홍주의 아버지이기도 하다.

고광림 박사의 부인 전혜성님은 자식들의 교육에 대해 목적의식을 갖게 하면 아이들은 이를 악물고 공부하게 된다고 말씀하셨다.

젊은 나이 23세 때부터 국보와 문화재의 해외 유출을 막고, 우리 것을 해외에서 다시 되사들여 간송 미술관을 만들어 대한민국의 문화적 뿌리를 내리게 하신 전형필 선생의 위대한 업적도 있다.

전형필 선생은 당시 우리나라 최고 부자로 집안 어르신

들이 이루어놓은 부(富)를 국가문화재 지킴에 아낌없이 내놓으신 분이다. 다른 분들과는 생각이 전혀 다른 분이다.

그런가 하면 프랑스로 유학한 후 사서가 되어 우리의 외규장각을 한국으로 다시 들여오기까지 분투한 박병선 선생 같은 숨은 일꾼이 있다.

세계 최고 물리학자 이휘소 박사는 미국에서 연구한 핵물질 설계도면을 압축한 후 근육을 절개하여 그 안에 도면을 봉합하고 귀국하여 청와대에 전달하고 며칠 후 교통사고로 위장된 죽음을 당했다.

대한민국을 살려내는 애국자는 이밖에도 여러 곳에서 자생해 왔다.

그럼에도 불구하고 매국노 이완용을 필두로 집권세력과 정신 나간 지도층들이 나라를 위태롭게 만들어 백성들을 피로 물들게 만들었고 아직도 그 더러운 잔당의 피가 흘러 내려오기 때문에 위기에 대처해야 되는 것이다.

분명하게 한 가지 짚고 넘어갈 일이 있다. 대한민국의 젊은 청년들에게 말이다.

현재 대한민국이 지금 젊은 청년들에게 꿈과 용기를 부

여하지 못하고 있다는 것이 기성시대의 고민이다. 프랑스나 호주 등은 한여름에 청년들이 원하는 곳으로 휴가나 경험을 위해서 떠나지만 우리나라는 아직 청년들이 그런 여행을 떠나지 못하는 실정이다.

앞으로 청년들이 다음 세대의 주인이 되는데 그들의 생각과 이상과 꿈을 행동으로 실천할 기회를 주지 못하는 국가 미래 정책의 부재이다. 정치 부재에서 오는 무책임의 소지이다.

앞으로 20~30년 후에는 지금 청년들이 기성세대를 먹여 살려야 되는데 정치권에서 그걸 보지도 않고 있으니 안타깝다.

물론 기성시대는 지금보다 더 어려운 시대에 태어났는데 지금 그 이야기를 하고 싶은 게 아니다. 지난 것은 이미 지난 역사이다. 앞으로 시대가 더욱 중요하다. 글로벌 우주시대에 생존 기술을 연마하는 것이 더 중요하기 때문이다.

모든 것이 하루아침에 이루어지기란 어려운 것이다. 그러므로 각자가 냉철하게 분석하여 준비를 철저히 해야 한다. 이런 현실에서 청년들은 명석하게 판단하라.

주목해야 할 중국

근대사에서 세계의 주목을 받고 있는 나라가 중국이다. 요즘 용어로 소위 G-2 국가이고 세계 최강 미국도 이젠 함부로 말할 수 없는 나라로 성장해버렸다.

중국은 우리와 국경을 같이하면서도 위협적이고, 우호적인 것 같으면서 등만 돌리면 곧바로 적으로 돌변할 수 있다. 친구 사이로 안정된 것도 아니고, 상호 신뢰도 아닌, 늘 눈치를 보면서 견제해야 하는 이웃나라이다.

미국은 우방이라는 말을 하면서 지금까지 지내왔지만 중국이란 나라는 뿌리부터 그렇지 않았다는 것을 명심해야 하는 것이다. 우리 5000년 역사가 그것을 증명하고 있는데 우리에게 잘해준다고 마음을 놓을 수는 없다.

북쪽에선 지리적으로 중국 일부를 차지했던 역사가 있고, 반대로 그들의 영향 아래서 살아왔던 역사적 사례도 있기 때문에 우리는 지금도 중국에 대해서는 늘 대책 없이 살아갈 수 없는 것이다.

오늘날 중국이 한류라는 것에 매혹되어 있다고 해서 망각하는 경우가 있는데 달이 차면 기울듯, 손바닥이 언제 뒤집힐지, 어떤 상황에서 변화가 올지 늘 연구해야 하는 대상이 중국이다.

그렇다면 사회주의의 가난한 나라 중국이 어떻게 그렇게 큰 힘을 갖게 되었는가?

인구 15억(추산인구 16억)의 이 큰 땅덩어리 중국을 우리가 멸시할 때도 있었다. 우리나라 국민성이 좀 살만하면 상대방을 무시하는 편견이 있는데 이것은 부끄러운 일이다. 다만 오늘 말하고자 하는 것은 중국의 무서운 원동력을 알아야 한다는 것이다.

중국은 두둑한 배짱으로 밀고 나가다가 유럽 선진국으로부터 아편전쟁에 휘말려 멸망하고 나서 또다시 원기를 회복하려고 할 즈음에 일본에게, 결국에는 러시아의 눈치를 살피면서 대국다운 체면에서 멀어져 자기들끼리 내분에 의해서 분열되었다.

그 후에 그들이 체면도 명예도 망가지면서 진로를 찾은

것이 결국 빵이었다. 마오쩌둥(毛澤東)과 장제스(蔣介石) 사이에서 혜성처럼 나타난 덩샤오핑(鄧小平)은 미국과 손을 잡고 정신 개혁 경제 개혁에 성공하게 되는 치밀한 전략가이자 탁월한 정치가이다. 중국 최고의 국부로 현재도 중국인들에게 존경받고 있다.

그는 항상 큰 기질의 뒷심을 갖고 있었다. 오늘 안 되면 내일에라도 이루어야 한다는 것이다. 그에 해당되는 마부위침(磨斧爲針)이란 명언이 있다. 도끼를 갈아서 바늘을 만든다는 말로 무서운 파괴력을 가지고 있다.

내일 안 되면 그 다음날 그들은 조금 늦더라도 밀어붙이기로 큰 일 작은 일 가리지 않고 차근차근 목표를 이루었다.

그러니까 그들은 남에게는 절대 서두르지 않는 것 같이 보였다. 그러나 내심 엄청난 변화 속에서 이익을 챙겼다. 그리고 해낸 것이다.

중국이 갖고 있는 인적 구성 또는 넓은 국토, 언어, 민족성 등을 여러 가지 난관에도 불구하고 하나로 만든다는 것은 엄청난 파괴력을 가진 난관을 통해서 가능했다. 우리나라같이 인구나 면적이 얼마 안 되는 국가도 하나의 국가를 만들기가 얼마나 힘든가?

덩샤오핑은 중국의 미래를 다지는 젊은이들의 정신개혁을 동시에 만들어 놓았다. 오늘날 중국을 G-2로 만들 수 있는 계기가 여기서 나온다.

2010년 중국 현지 대학을 답사하면서 들은 이야기이다.

중국의 칭화(淸華) 대학은 중국을 움직이는 지도자를 배출하는 대학으로 유명하다. 국가주석 후진타오(胡錦濤)를 비롯하여 전 총리 주룽지(朱鎔基) 등 경제를 이끄는 핵심이 이 대학 출신이다. 나는 여기서 다음 대목을 중시한다.

칭화 대학에서는 전교생에게 졸업할 때까지 동서양 고전 100권을 읽게 한다는 대학 관계자의 말이다.

칭화 대학은 공대이다. 산업화의 주역을 가르치는 공대에서 인문학을 중요시한다는 것에 바로 중국의 미래가 있는 것이다.

그리고 중국은 정치적으로 사회주의 국가이다. 중국의 아버지이자 중국을 세계에 힘 있는 국가로 만든 정치가

덩샤오핑의 개혁 정신이 지금 중국의 경제를 이렇게 눈부시게 만든 것이다. 그 뿌리가 사회주의이기 때문에 하나의 깃발을 들면 하나로 결집하는 원동력이 강하다. 개인성도 강하지만 집단성이 우선하는 국가이다.

정치도 경제도 그 원뿌리는 항상 가슴에 있다. 먼 훗날에는 결국 자치국별로 독립되겠지만 지금은 필요에 의해 뭉치고 집단성을 유지한다.

그들의 근성 중 하나는 이익에 크게 도움이 되지 않으면 참을 수 있을 때까지 참는다는 점이다. 힘을 가질 때까지 기다리는 것이다. 일단 준비가 되면 가차 없이 무력으로 이익을 얻는 데 인정사정이 없다. 그게 사회주의자들의 근성이다. 앞에서는 대국답지 않게 고개 숙이면서 기선을 잡으면 바로 당일 베어버린다.

우리나라보다 늦게 출발한 중국이지만 지금은 우리나라를 능가하는 기본 전략으로 젊은이들을 교육시키고 있다. 지금이라도 우리는 그들을 배워야 한다.

세상에 이름을 알린 훌륭한 분들의 마지막 결론은 감사와 고마움이다. 무(無)에서 유(有)를 창조한 사람들이 세상에 표하는 감사와, 도와주신 분들에게 고마움을 표시하는 마음에 우리는 경의를 표한다.

나는 그분들의 감사의 마음을 경청하면서 내 자신이 작아지는 듯한 느낌을 받는다.

그렇다. 똑같은 여건에서 살아가는 사람 중에도 이룰 수 있는 사람이 있고 이루지 못하는 사람이 있듯이 세상은 그런 것이다.

그럼에도 세상은 공동체이다. 더불어 살아가는 아름다운 세상이 살 만한 곳이다.

세상에 나올 때 탯줄에 목이 감겨 뇌성마비로 태어난 스위스의 철학자 졸리앙(Alexandre Jollien)은 17년이란 긴 세월동안 재활치료를 하면서도 하루하루가 즐거운 전투라고 하였다. 그러면서 장애는 남과 나를 들여다보는 실험실이라고도 했다.

그러니까 우리의 눈과 마음과 정신을 어디에 두고 세상과 동행하는가에 초점을 맞추고 살아가는 것이다.

부자다운 부자

경제면으로 이야기를 이어가 보자.

나는 우리나라 부자 중에서 경주 최 부자를 가장 멋진 부잣집으로 생각한다. 유한양행의 유일한 박사 같은 훌륭한 분들도 국가관이나 사회에 헌신한 공로가 국보급이지만 경주 최 부자는 12대째 연이어 부자로서 내려왔다는 점이 다르다.

그들은 민초와 마음을 함께하면서 요즘 용어로 횡포나 독과점이 아닌 순수성을 갖고 특히 교육과 독립 자금을 우선하였다. 그리고 자손들은 출세를 하지 못한 보통사람과의 동고동락을 원칙으로 400년 동안 지냈다는 것이 감동을 주는 것이다. 이는 세계 역사에서도 빛나는 일이다.

국가 관리도 관리에 따라서 급이 있다. 청백리라도 진짜 맑은 이가 있고, 억지로 맑은 이가 있고 가짜로 맑은

이가 있다. 부자도 부자다운 부자로서 행동한다면 진정 존중받을 것이다.

다시 말해서 부자도 국가관과 순수성을 가진 부자가 그 수명이 오래간다는 뜻을 전하고자 비교한 것이다.

결론을 추가한다면 어떤 부자든 많은 이들로부터 도움을 받아왔다. 부자가 부를 계속 누리려면 되돌려주는 자연의 섭리를 실행에 옮겨야 한다. 받은 것을 되돌려주고 가는 이치를 알고 행(行)하는 것이다. 이것이 인간의 근본 섭리이며 내가 세상을 살아오면서 터득한 근원이다.

서방의 경우 세계적 부를 이어가는 미국은 공공건물이나 박물관·기념관·연구소 등이 부자들의 사회환원사업으로 건설되었다. 그런 것만 보아도 미국은 행(行)하는 국가이다.

우리나라는 아직 초기단계이지만 서방 세계는 누가 더 많은 공적을 남기고 가는가에 따라 역사에서 인정받는다. 미국의 역대 부자들부터 마이크로소프트(Microsoft)사의 빌 게이츠(Bill Gates)에 이르기까지 기부자가 목록으로 이어져 있다.

우리도 그 아름다운 문화를 받아들여야 한다.

나는 인생을 살아가는 중에 연습게임은 없다고 분명하게 말한다. 어떤 이들은 스포츠 경기와 비교하면서 연습과 본게임을 분리하는데 어떻게 인생을 살아가는 길에 연습게임이 있고 본게임이 있을 수 있는가?

하루를 살아도 본게임으로 살아야하는 것이다. 마음과 정신과 육체를 하나로 통일하여 본게임으로 인생을 살아가자.

우리 젊은이들에게는 내일이 있다. 꿈과 담대한 희망을 가져라. 꿈이 없는 젊은이는 삶이 어렵다.

그 꿈에서 기상을 만들어라. 즉 미래가 있다. 미래가 있기 때문에 먹고 자고 숨 쉬는 것이다.

미래에 꿈을 펼칠 수 있는 거대한 광장이 젊은이들을 부른다.

젊은이들이여, 어른들의 잘못을 꾸짖어라. 어른을 밟고 넘어서라. 설득력 있는 대안을 제시하라.

그렇게 하는 것이 젊은이들의 임무이며 젊음의 몫이다.

지구의 어느 곳이든 젊은이들은 달려갈 수 있다. 그들

에게는 꿈과 용기가 있기 때문이다.

꿈을 꿈으로 실현하는 자가 젊은이들이다.

우리 젊은이들에게는 그런 능력과 에너지인자가 함께 잠재되어 있다고 믿는다.

이상과 기백이 하늘을 찌르는데, 지혜로운 머리를 함께 응용한다면 무엇인들 못하겠는가? 용기와 지혜는 분리할 수 없는 용어이다.

나는 응원한다.

뜨겁고 힘찬 기립 박수를 보낸다.

젊은이의 기상과 용기를 믿는다.

세상은 우리 젊은이들의 것이다.

저자 金泉 **이 승 윤 선생** 약력

-전남대학교 경영대학원

-바르게살기운동 부산광역시 이사

-부산지방검찰청 범죄예방위원

-국제작명학회 전국수석부회장

-부산시장 표창

-법무부장관 표창

-부산시장 (봉사상) 금뱃지

젊음을 불 태워라

1판 1쇄 인쇄 | 2018년 11월 30일
1판 1쇄 발행 | 2018년 12월 05일

지은이 | 이 승 윤
발행인 | 김 미 애
펴낸곳 | 성균관출판부
디자인 | (주)척척미디어

등록번호 | 제302-1994-000026호
주소 | 08225 서울 구로구 중앙로3길 50 가동 305호
전화 | (02) 701-1856 팩스 | (02) 701-1857

가격 12,000원

ISBN 978-89-88338-29-2 03190